Alexander Kittinger

Serviceorientierung und partnerschaftliches Handeln im B2B-Vertrieb

GABLER RESEARCH

Alexander Kittinger
Serviceorientierung und partnerschaftliches Handeln im B2B-Vertrieb

Mit Geleitworten von Anna Humenberger
und Dipl-Kfm. Dr. Heinz-Werner Haudeck

RESEARCH

Bibliografische Information der Deutschen Nationalbibliothek
Die Deutsche Nationalbibliothek verzeichnet diese Publikation in der
Deutschen Nationalbibliografie; detaillierte bibliografische Daten sind im Internet über
<http://dnb.d-nb.de> abrufbar.

1. Auflage 2010

Alle Rechte vorbehalten
© Gabler Verlag | Springer Fachmedien Wiesbaden GmbH 2010

Lektorat: Ute Wrasmann | Hildegard Tischer

Gabler Verlag ist eine Marke von Springer Fachmedien.
Springer Fachmedien ist Teil der Fachverlagsgruppe Springer Science+Business Media.
www.gabler.de

Das Werk einschließlich aller seiner Teile ist urheberrechtlich geschützt. Jede Verwertung außerhalb der engen Grenzen des Urheberrechtsgesetzes ist ohne Zustimmung des Verlags unzulässig und strafbar. Das gilt insbesondere für Vervielfältigungen, Übersetzungen, Mikroverfilmungen und die Einspeicherung und Verarbeitung in elektronischen Systemen.

Die Wiedergabe von Gebrauchsnamen, Handelsnamen, Warenbezeichnungen usw. in diesem Werk berechtigt auch ohne besondere Kennzeichnung nicht zu der Annahme, dass solche Namen im Sinne der Warenzeichen- und Markenschutz-Gesetzgebung als frei zu betrachten wären und daher von jedermann benutzt werden dürften.

Umschlaggestaltung: KünkelLopka Medienentwicklung, Heidelberg
Gedruckt auf säurefreiem und chlorfrei gebleichtem Papier
Printed in Germany

ISBN 978-3-8349-2568-8

Geleitworte

Mit dem zunehmenden Bewusstsein über die Bedeutung des Vertriebs im Allgemeinen und des persönlichen Verkaufs im Besonderen wird die kundenorientierte Ausrichtung von Unternehmensstrategien immer wichtiger. Während diese Erkenntnis im Unternehmensalltag auf der einen Seite überlebenswichtig ist und daher selbstverständlich sein sollte, greift sie in der hochschulischen Lehre noch zu kurz. Aber auch die Praxis zeigt häufig, wie wenig auf die Bedürfnisse des Kunden eingegangen wird, indem man zu sehr darauf konzentriert ist, die Produkte des Unternehmens zu verkaufen und nicht die Probleme des Kunden zu lösen.

Die vorliegende Arbeit beschäftigt sich mit der Serviceorientierung innerhalb des persönlichen Verkaufs im Business-to-Business-Vertrieb (B2B) unter Anwendung des Clienting-Ansatzes. Es wird auf die Besonderheiten des B2B-Vertriebs sowie auf die des Dienstleistungssektors eingegangen, um die wesentlichen Unterschiede beim Verkauf von Gütern oder Dienstleistungen im Firmenkundenbereich herauszuarbeiten. Die Serviceorientierung nimmt einen hohen Stellenwert innerhalb des persönlichen Verkaufs im B2B-Vertrieb ein. Dabei wird die Verbindung zwischen Serviceorientierung, partnerschaftlichem Handeln, Effizenz des Vertriebs und dem Image des Verkaufsberufs aufgezeigt.

Das Buch richtet sich an alle Verkäufer sowie an Vertriebsleiter und Entscheider im B2B-Bereich, im Speziellen bei Dienstleistern. Diese am Institut für Marketing- & Salesmanagement der FHWien verfasste Diplomarbeit ist ein wertvoller Beitrag zur noch begrenzt vorhandenen, wissenschaftlich aufbereiteten Vertriebs-Literatur im B2B-Bereich. Ich wünsche dem Autor einen großen Leserkreis aus Praxis und Wissenschaft.

Anna Humenberger
Leiterin Institut für Marketing- & Salesmanagement
FHWien-Studiengänge der WKW

Sowohl aktuelle europäische als globale Untersuchungen belegen, dass Abnehmer im Firmenkundengeschäft mit Verkäufern zu einem großen Teil unzufrieden sind. In manchen Bereichen ist die Unzufriedenheit der Kunden in den letzten Jahren sogar größer geworden.

Dies ist umso erstaunlicher, sogar vollkommen unverständlich, als man doch annehmen kann, dass in wirtschaftlich angespannten Zeiten Marketing und Vertrieb sich im besonderen Maße um den Kunden bemühen. Überdies ist ja seit vielen Jahren die Austauschbarkeit und Vergleichbarkeit von Produkten und Leistungen immer leichter geworden und es immer schwieriger wurde sich vom Wettbewerb zu unterscheiden.

Das Erfüllen von Kernleistungen ist für Unternehmen heute selbstverständlich. Nur mit bestimmten individuellen Serviceleistungen wie Dienst-, Zusatz- und Nebenleistungen bestehen Differenzierungsmöglichkeiten. Hier kann gerade der Vertrieb im Doppelpack mit dem Service sehr viel zur Kundenzufriedenheit und vor allem zur Kundenbindung beitragen.

Aus den genannten Gründen hat vorliegendes Buch einerseits hohe wissenschaftliche Relevanz, weil das Thema Serviceorientierung besonders in Verbindung mit dem persönlichen Verkauf bisher nur rudimentär in der wissenschaftlichen Literatur behandelt wurde. Andererseits haben die Ausführungen höchsten praktischen Bezug und sie beinhalten viele

Anregungen für Praktiker aus den Bereichen Marketing, Sales und Service mit seinen sehr breiten Ausprägungen. Die aufgezeigten Zusammenhänge vor allem mit dem Fokus der Kundensituation tragen sicher zu einer hohen Lösungsorientierung des höchst aktuellen Themas bei. Es ist zu hoffen, dass das Buch über Serviceorientierung, partnerschaftliches Handeln und Effizienz des Vertriebs den Unternehmen aufzeigt, mehr Erfolg auf den umkämpften Märkten zu haben.

Der hohe Praxisbezug und die verständliche Darstellung der Thematik haben sicher in der Ausbildung und praktischen Tätigkeiten des Autors seine Wurzeln. Der Verfasser des Buches ist einerseits Absolvent einer touristischen höheren Lehranstalt und hat danach als Werkstudent das Studium Marketing und Salesmanagement neben seiner Tätigkeit als langjähriger Key Account Manager erfolgreich beendet.

Mein persönliches Anliegen ist es, Verständnis für den persönlichen Verkauf zu wecken und verstärkt den Verkäufer als serviceorientierten und höchst kompetenten Partner des Kunden zu sehen, dem es auch gelingt zum positiven Image des Verkaufs beizutragen. Möge sich Service in Kombination mit einem schlagkräftigen Vertrieb als USP auch in Ihrem Unternehmen herausstellen.

Wien, im Mai 2010 FH-Doz. Dkfm. Dr.Heinz Werner Haudek

Vorwort

Schon während meiner frühen Jugend entstand meine Servicebegeisterung. Es faszinierte mich jedes Mal wie Menschen durch serviceorientiertes Handeln positive Reaktionen bei anderen Menschen hervorriefen. Daher entschied ich mich für eine Tourismusausbildung und lernte dabei selbst den Servicegedanken theoretisch und praktisch kennen. Nach der Schulzeit folgten die ersten Karriereschritte als Servicemitarbeiter in der Schweizer Top-Gastronomie und Hotellerie. In dieser Zeit stieg das Interesse für den Beruf des Verkäufers. Nach drei schönen Jahren in der Schweiz machte ich mich wieder in Wien sesshaft mit dem beruflichen Ziel in den Verkaufsberuf einzusteigen. Der Start gelang mir in der Automobilbranche. Gleichzeitig begann ich mit dem berufsbegleitenden Studium an der Fachhochschule Wien der WKW für Marketing & Sales.
Während des Studiums wechselte ich als Key Account Manager in den Medienbereich, wo ich heute als Verkausleiter für die Vermarktung der Multichannel-Medien von Österreichs Marktführer im Elektrohandel tätig bin. Meine Aufgabe ist es hierbei Medien zu vermarkten, die gleichzeitig eine Dienstleistung für die B2B-Partner und eine Serviceleistung für die Endkunden darstellen.
Im Zuge meiner Vertriebstätigkeit stellte ich oft fest, dass Serviceorientierung und partnerschaftliches Handeln den Un-

terschied ausmachen können. Daher beschäftigte ich mich in der vorliegenden Diplomarbeit mit diesen Themen.
Zum Gelingen der Diplomarbeit und des Studiums trugen viele liebe Menschen bei, denen ich hiermit Danke sage. Ich danke meiner Familie, meinen Freunden, Arbeitgebern und Arbeitskollegen für die großartige Unterstützung in den letzten Jahren. Ein großes Dankeschön gilt der Studiengangsleiterin für Marketing&Sales Frau Mag. Anna Humenberger, die mich im Prozess der Buchveröffentlichung optimal begleitet hat. Ebenso spreche ich meinem Betreuer, Herrn FH-Doz. Dkfm. Dr. Heinz Werner Haudek, der während der Diplomarbeit jederzeit für mich da war und mich mit sehr guten Informationen versorgt hat, ein großes Dankeschön aus. Ein besonderes Dankeschön richte ich an meine Ehefrau Simone, die mich auch als Studienkollegin begleitet und trotz der stressigen Momente die geringe Freizeit kostbar und wertvoll gestaltet hat.
Ich widme dieses Buch daher meiner Ehefrau Simone.

Liebe Leserin, lieber Leser, ich wünsche Ihnen viel Vergnügen beim Lesen des vorliegenden Buches.

Wien, im Mai 2010   Mag. (FH) Alexander Kittinger

Im vorliegenden Buch wird auf die grammatikalisch weibliche Form bzw. die Kombination von männlicher und weiblicher Form verzichtet. Der Autor hält fest, dass in der gesamten Arbeit mit der männlichen Form Frauen und Männer gleichberechtigt gemeint sind.

I. Inhaltsverzeichnis

I.	Inhaltsverzeichnis	XIII
II.	Verzeichnis verwendeter Abkürzungen	XVIII
III.	Abbildungsverzeichnis	XIX
1.	Einleitung	1
1.1.	Problemstellung	1
1.2.	Zielsetzung der Diplomarbeit	3
1.3	Forschungsfragen	4
1.4.	Methodik	4
1.5.	Aufbau der Diplomarbeit	5
2.	Definitionen und Begriffsabgrenzungen	7
2.1.	Kunde	7
2.2.	Serviceorientierung	7
2.3.	Persönlicher Verkauf	8
2.4.	B2B-Vertrieb	8
2.5.	Dienstleistung	9
2.6.	Clienting	10
3.	Kunde	11
3.1.	Einkauf	11
3.1.1.	Bedürfnisse des Einkäufers	11
3.1.2.	Aufgaben des Einkäufers	12
3.1.3.	Rolle und Funktion des Einkäufers	13
3.2.	Anforderungen des Einkäufers an den persönlichen Verkauf	13
3.3.	Buying-Center	14
4.	Kundenmanagement	17
4.1.	Der ideale Kunde	17
4.2.	Kundenzufriedenheit	18
4.3.	Neukundengewinnung	20
4.4.	Kundenbindung	21
4.5.	Kundenwert	25

4.6.	Churn Management	26
4.6.1.	Maßnahmen vor der Abwanderung	27
4.6.2.	Maßnahmen während der Abwanderung	30
4.6.3.	Maßnahmen nach der Abwanderung	31
4.7.	CRM (Customer Relationship-Management)	32
5.	Einkaufs- und Verkaufsprozess	33
5.1.	Der Einkaufsprozess	33
5.1.1.	Problem- oder Bedürfniserkennung	34
5.1.2.	Bestimmung der Eigenschaften, Anforderungen und der Quantität der zu beschaffenden Einheiten	35
5.1.3.	Suche nach und Qualifizierung von potenziellen Bezugsquellen	36
5.1.4.	Akquisition und Analyse von Angeboten	37
5.1.5.	Bewertung der Angebote und Lieferantenselektion	37
5.1.6.	Festlegung des Bestellungsablaufes	38
5.1.7.	Feedback und Leistungsbewertung	38
5.2.	Verkaufsprozess	39
5.2.1.	Kundenannäherung	40
5.2.1.1.	Lead-Management	40
5.2.1.2.	Kundenanalyse	41
5.2.2.	Kundengewinnung	42
5.2.2.1.	Kontaktvorbereitung	42
5.2.2.2.	Kontaktdurchführung	43
5.2.2.3.	Ergebnisabsicherung	45
5.2.3.	Kundenpflege	45
5.2.3.1.	Relationship-Management	46
5.2.3.2.	Kundenbindungsmanagement	47
5.2.3.3.	Beschwerdemanagement	47
5.2.3.4.	Rückgewinnungsmanagement	48
5.2.3.5.	Beziehungsbeendigung	49
6.	Serviceorientierung	51
6.1	Serviceorientierung vor dem Kauf	53
6.2	Serviceorientierung nach dem Kauf	54
7.	Verkaufsmanagement	55
7.1.	Verkaufsformen	55

7.1.1.	Persönlicher Verkauf (Face-to-Face)	55
7.1.2.	Mediengestützter Verkauf (Voice-to-Voice)	55
7.1.3.	Mediengeführter Verkauf (unpersönlich)	56
7.2.	Effizienz im persönlichen Verkauf	58
7.2.1.	Verkaufstrichter (Sales Funnel)	58
7.2.2.	Kennzahlen im persönlichen Verkauf	59
7.3.	Persönlicher Verkauf	60
7.3.1.	Aufgaben des persönlichen Verkaufs	60
7.3.2.	Rolle und Funktion des persönlichen Verkaufs	61
7.3.3.	Image des persönlichen Verkaufs	62
7.3.4.	Kompetenzen des persönlichen Verkaufs	64
7.3.4.1.	Fachkompetenz	64
7.3.4.2.	Methodenkompetenz	65
7.3.4.3.	Sozialkompetenz	65
7.3.4.4.	Persönliche Kompetenz	66
8.	Die Clienting-Philosophie nach *Geffroy*	67
8.1.	Grundregel und Herausforderung des Clienting	67
8.2.	Clienting als Kundenerfolgslehre	68
8.3.	Partnerschaftliches Handeln	69
9.	Besonderheiten des B2B-Vertriebs und der Dienstleistungsbranche	71
9.1.	Besonderheiten des B2B-Vertriebs	71
9.2.	Besonderheiten der Dienstleistungsbranche	72
9.2.1.	Der Dienstleistungssektor	72
9.2.2.	Besonderheiten von Dienstleistungen	74
9.2.3.	Dienstleistungsmarketing	76
10.	Empirische Untersuchung	77
10.1.	Untersuchungsdesign	77
10.1.1.	Art, Form und Instrument der Erhebung	77
10.1.2.	Definition und Auswahl des Experten	78
10.1.3.	Zeitraum der Erhebung	79
10.1.4.	Auswertung der Experteninterviews	80
10.2.	Darstellung der Ergebnisse	82
10.2.1.	Qualitative Inhaltsanalyse mittels induktiver Kategorienbildung nach *Mayring*	82

10.2.1.1.	Stellenwert des persönlichen Verkaufs im Unternehmen	82
10.2.1.2.	Zukünftige Kompetenzen des Verkäufers in der Dienstleistungsbranche	83
10.2.1.3.	Image der Dienstleistungsbranche und dessen Gründe	84
10.2.1.4.	Generelles Image des persönlichen Verkaufs in der Branche und dessen Gründe	86
10.2.1.5.	Image der Mitarbeiter im Kundenkontakt und dessen Gründe	88
10.2.1.6.	Konkrete Maßnahmen zur Imageverbesserung / Aufrechterhaltung des Images	90
10.2.1.7.	Beurteilung der Effizienz des Vertriebs im Unternehmen	91
10.2.1.8.	Konkrete Maßnahmen im Unternehmen zur Steigerung der Effizienz im Vertrieb	92
10.2.1.9.	Beteiligte Personen beim Einkauf einer Dienstleistung	93
10.2.1.10.	Rolle des Einkäufers im Unternehmen	94
10.2.1.11.	Erwartungen des Einkäufers an den Verkäufer	95
10.2.1.12.	Definition von Serviceorientierung	96
10.2.1.13.	Bedeutung der Serviceorientierung innerhalb des persönlichen Verkaufs und Auswirkung von serviceorientiertem Handeln auf das Image des persönlichen Verkaufs	97
10.2.1.14.	Bekanntheit des Clienting-Begriffs	99
10.2.1.15.	Beurteilung des Clienting-Impulses für das eigene Unternehmen	100
10.2.1.16.	Auswirkung von partnerschaftlichem Handeln auf das Image des persönlichen Verkaufs	101
10.2.1.17.	Verbindung Serviceorientierung – Partnerschaftliches Handeln – Effizienz des Vertriebs	102
10.2.1.18.	Besonderheiten des B2B-Vertriebs	103
10.2.1.19.	Besonderheiten der Dienstleistungsbranche	104
10.2.1.20.	Profil des Idealkunden	105
10.2.2.	Auswertungsstrategie nach *Meuser / Nagel*	106
10.2.2.1.	Stellenwert des persönlichen Verkaufs im Unternehmen	106
10.2.2.2.	Die zukünftigen Kompetenzen des Verkäufers in der Dienstleistungsbranche	106
10.2.2.3.	Das Image der Dienstleistungsbranche und dessen Gründe	108

10.2.2.4.	Das generelle Image des persönlichen Verkaufs in der Branche und dessen Gründe	109
10.2.2.5.	Das Image der Mitarbeiter im Kundenkontakt und dessen Gründe	110
10.2.2.6.	Die konkreten Maßnahmen zur Imageverbesserung / Aufrechterhaltung des Images	112
10.2.2.7.	Beurteilung der Effizienz des Vertriebs im Unternehmen und konkrete Maßnahmen zu deren Steigerung	113
10.2.2.8.	Beteiligte Personen beim Einkauf einer Dienstleistung	114
10.2.2.9.	Die Rolle des Einkäufers im Unternehmen	115
10.2.2.10.	Die Erwartungen des Einkäufers an den Verkäufer	116
10.2.2.11.	Definition von Serviceorientierung	117
10.2.2.12.	Die Bedeutung der Serviceorientierung innerhalb des persönlichen Verkaufs	117
10.2.2.13.	Die Auswirkung von serviceorientiertem Handeln auf das Image des persönlichen Verkaufs	118
10.2.2.14.	Die Bekanntheit des Clienting-Begriffs und die Beurteilung des Clienting-Impulses für das eigene Unternehmen	118
10.2.2.15.	Die Auswirkung von partnerschaftlichem Handeln auf das Image des persönlichen Verkaufs	119
10.2.2.16.	Die Verbindung Serviceorientierung – Partnerschaftliches Handeln – Effizenz des Vertriebs	120
10.2.2.17.	Die Besonderheiten des B2B-Vertriebs	120
10.2.2.18.	Die Besonderheiten der Dienstleistungsbranche	121
10.2.2.19.	Das Idealkundenprofil	122
10.3	Beantwortung der Forschungsfragen	123
10.4.	Handlungsempfehlungen	124
10.5	Generierung von Hypothesen	125
11.	Conclusio	127
Anhang		129
Literatur und Quellenverzeichnis		131
Sonstige Quellen		141

II. Verzeichnis verwendeter Abkürzungen

B2B	Business to Business
bzw.	beziehungsweise
CRM	Customer Relationship-Management
d. h.	das heißt
E-Commerce	Electronic Commerce
etc.	Et cetera
ggf.	gegebenenfalls
u. a.	unter anderem
usw.	und so weiter
v. a.	vor allem
z. B.	zum Beispiel

III. Abbildungsverzeichnis

Abbildung 1: Von der Serviceorientierung zur Dienstleistungsqualität 20
Abbildung 2: Indikatoren der Kundenbindung 23
Abbildung 3: Die Phasen des Einkaufsprozesses 33
Abbildung 4: Der Verkaufsprozess 40
Abbildung 5: Typologie der kaufmännischen Serviceleistungen 53
Abbildung 6: Typologie der Verkaufsformen 55
Abbildung 7: Der Verkaufstrichter 58
Abbildung 8: Kennzahlen im persönlichen Verkauf 59
Abbildung 9: Zentrale Kompetenzen von Verkäufern in der Dienstleistungsbranche 64
Abbildung 10: Reifegradmodell der kundenorientierten Dienstleistungsentwicklung 70
Abbildung 11: Der empirische Steckbrief 77
Abbildung 12: Expertenübersicht 79
Abbildung 13: Prozessmodell induktiver Kategorienbildung 81
Abbildung 14: Die sechs Schritte der Auswertungsstrategie nach *Meuser / Nagel* .. 81
Abbildung 15: Stellenwert des persönlichen Verkaufs im Unternehmen 82
Abbildung 16: Zukünftige Kompetenzen des Verkäufers in der Dienstleistungsbranche 83
Abbildung 17: Image der Dienstleistungsbranche 84
Abbildung 18: Gründe für das Image der Dienstleistungsbranche 85
Abbildung 19: Generelles Image des persönlichen Verkaufs in der Branche 86
Abbildung 20: Gründe für das generelle Image des persönlichen Verkaufs in der Branche 87
Abbildung 21: Image der Mitarbeiter im Kundenkontakt 88
Abbildung 22: Gründe für das Image der Mitarbeiter im Kundenkontakt 89
Abbildung 23: Konkrete Maßnahmen zur Imageverbesserung / Aufrechterhaltung des Images 90
Abbildung 24: Beurteilung der Effizienz des Vertriebs im Unternehmen 91
Abbildung 25: Konkrete Maßnahmen im Unternehmen zur Steigerung der Effizienz im Vertrieb 92
Abbildung 26: Beteiligte Personen beim Einkauf einer Dienstleistung 93
Abbildung 27: Rolle des Einkäufers im Unternehmen 94

Abbildung 28:	Erwartungen des Einkäufers an den Verkäufer............................ 95	
Abbildung 29:	Die Komponenten der Definition von Serviceorientierung............. 96	
Abbildung 30:	Bedeutung der Serviceorientierung innerhalb des persönlichen Verkaufs... 97	
Abbildung 31:	Auswirkung von serviceorientiertem Handeln auf das Image des persönlichen Verkaufs... 98	
Abbildung 32:	Ist Ihnen der Begriff Clienting bekannt?...................................... 99	
Abbildung 33:	Beurteilung des Clienting-Impulses für das eigene Unternehmen 100	
Abbildung 34:	Auswirkung von partnerschaftlichem Handeln auf das Image des persönlichen Verkaufs... 101	
Abbildung 35:	Verbindung Serviceorientierung - Partnerschaftliches Handeln - Effizienz des Vertriebs 102	
Abbildung 36:	Besonderheiten des B2B-Vertriebs... 103	
Abbildung 37:	Besonderheiten der Dienstleistungsbranche............................... 104	
Abbildung 38:	Idealkundenprofil... 105	

1. Einleitung

1.1. Problemstellung

Auf Grund von gesättigten Märkten, austauschbaren Produkten und Dienstleistungen mit immer kürzeren Lebenszyklen, ständig zunehmenden Kundenansprüchen, erhöhter Markttransparenz über das Internet sowie des fortgeschrittenen Wandels von der Industrie- zur Dienstleistungsgesellschaft werden Servicekonzepte benötigt, um sich erfolgreich gegenüber dem Mitbewerb zu differenzieren (vgl. *Woehe / Lang* 2003, S. 11).

Die Ansprüche an Lieferanten von professionellen B2B-Kunden nehmen ständig zu. Damit Anbieter in der Lage sind die Kundenerwartungen immer besser zu erfüllen als die Mitbewerber, müssen sie die differenzierten Erwartungen ihrer Kunden erkennen und diese in entsprechende Nutzenbündel umsetzen (vgl. *Auerbach* 1999, S. 14).

Im B2B-Bereich wird ein Bündel von Leistungen abgegeben. Neben der eigentlichen Sachleistung in Form von Produkten und Dienstleistungen werden begleitende Serviceleistungen und Imageleistungen angeboten. Diese Elemente bewirken gemeinsam eine Präferenz bei Nachfragern und dienen als Preisäquivalent. Aus diesem Grund sind diese Elemente gemeinsam auszuloben. Es ist erforderlich, über die rein produkt- und dienstleistungszentrierte, technische Sichtweise hinaus die nutzenorientierte Sichtweise des Marktes in den Vordergrund zu stellen. In Bereichen, in denen vorübergehend Vorsprünge auf der Sachebene vorhanden sind, werden diese zügig durch Mitbewerber aufgeholt. Ein dauerhafter Vorsprung kann nur noch auf den Ebenen der Service- und Imageleistung erreicht werden (vgl. *Pepels* 1999, S. 713).

Die zunehmende Bedeutung des Dienstleistungssektors ist einer der spürbarsten Trends im B2B-Vertrieb. Dieser Trend gilt nicht allein für klassische Dienstleistungsunternehmen. Ebenso erkennt die Industrie, dass sich produktbegleitende Serviceleistungen zu Wettbewerbschancen entwickeln (vgl. *Auerbach* 1999, S. 30).

Viele Unternehmen kämpfen mit dem Problem, dass im Verkaufsaußendienst immer noch die produktorientierte und nicht die kundenorientierte Perspektive dominiert. Die Verkäufer sind darauf fixiert, das eigene Leistungsangebot darzulegen und nicht auf das Bedürfnis des Kunden einzugehen (vgl. *Homburg* et al. 2008, S. 6f.).

Die Lebenssituation hat sich in persönlicher und beruflicher Hinsicht bei den Einkäufern entscheidend gewandelt. Die Einkäufer unterliegen auf dem hart umkämpften Wettbewerbsmarkt einem starken Druck, um optimale Kaufentscheidungen zu treffen. Daher müssen sich auch die Verkäufer ändern, um auf die neuen Bedürfnisse ihrer Kunden eingehen zu können (vgl. *Davis* 2000, S. 15f.).

Der wesentliche Ansatz für den persönlichen Verkauf muss die Steigerung des Kundenerfolgs sein. Hierbei stehen systematisch gelebte, faire, intensive und partnerschaftliche Beziehungen im Vordergrund. Im Zentrum des Denken und Handelns befinden sich der Kunde und seine Interessen (vgl. *Geffroy* 2000, S. 21f.).

Dienstleistungen tragen auf vielfältige Weise zur Kundenbindung bei. Sie steigern den Nutzen des Kunden und schaffen für diesen eine ideale Problemlösung. Da Dienstleistungen unter Einbindung des Kunden oder beim Kunden erbracht werden erhält der Dienstleistungsanbieter einen viel tieferen Einblick in die Bedürfnisse des Kunden und dessen Umfeld (vgl. *Homburg* et al. 2008, S. 293).

In der Praxis haben wenige Dienstleistungsanbieter durchgängig zufrieden gestellte Kunden. Das Verkaufspersonal steht im Mittelpunkt der Kritik. Mangelnder Service, unzureichendes Fachwissen, fehlende Hilfsbereitschaft, mangelhafte Erreichbarkeit und Zuverlässigkeit in der Kundenbedienung sorgen für spürbare Unzufriedenheit der Kunden. Im verstärkten Dienstleistungswettbewerb reichen reine Willensbekundungen und plakative Äußerungen der Unternehmensleitung zu mehr Servicequalität nicht mehr aus. Eine grundlegende Änderung im Denken und Handeln sowie der entsprechenden Serviceprozesse der Unternehmensleitung und deren serviceorientierten Verkäufern entscheidet über den Erfolg (vgl. *Woehe/Lang* 2003, S. 5).

Serviceorientierung und Dienstleistungsthemen liegen im Trend und werden an Bedeutung gewinnen. Durch die Entwicklung neuer Dienstleistungen werden automatisch neue Servicestrategien produziert. Die Servicestrategien werden weitere neue Dienstleistungen generieren, die vom Markt angenommen werden oder nicht. Erfolgreiche Dienstleistungen werden wiederum die Entstehung neuer Servicestrategien zur Folge haben. Die Dienstleistungsbranche dreht sich immer weiter und wächst schneller (vgl. *Woehe / Lang* 2003, S. 107).

Vor diesem Hintergrund beschäftigt sich die vorliegende Arbeit mit der Bedeutung der Serviceorientierung innerhalb des persönlichen Verkaufs im B2B-Vertrieb. Dies wird anhand der Dienstleistungsbranche mit besonderem Fokus auf die Clienting-Philosophie aufgezeigt.

1.2. Zielsetzung der Diplomarbeit

Die steigende Wettbewerbssituation erschwert es den Unternehmen immer mehr am Markt zu bestehen. Auf Grund der Angebotsvielfalt wandelten sich auch die Bedürfnisse und Vorgehensweisen der Einkäufer. Für den Vertrieb und dessen Mitarbeiter steigt der Aufwand zur Kundengewinnung und -bindung. Ebenso sind die Verkäufer mit Kundenrückgewinnungsmaßnahmen beschäftigt. Das derzeit nicht befriedigende und teilweise sogar negative Image des Verkaufberufs erschwert die Situation zusätzlich.

Die vorliegende Diplomarbeit beschäftigt sich mit der Bedeutung der Serviceorientierung innerhalb des persönlichen Verkaufs. Dies wird anhand des B2B-Vertriebs am Beispiel der Dienstleistungsbranche mit Fokus auf die Clienting-Philosophie aufgezeigt.

Im Zuge der Arbeit wird sowohl auf die Verkäufer- als auch auf die Einkäuferseite eingegangen. Die Bedeutung der Serviceorientierung für den persönlichen Verkauf in der Praxis wird sich auch im empirischen Teil widerspiegeln.

Die empirische Erhebung geschieht durch Experteninterviews und soll die Bedeutung der Serviceorientierung aus der Sicht des Verkäufers und der Einkäufer im B2B-Bereich erheben. Neben der Verkäufersicht soll die Untersuchung auch die Themenrelevanz aus der Sicht der Einkäufer und deren Erwartungen beleuchten. Ebenso werden anhand der Untersuchungsergebnisse die in der Zukunft wichtigen Kompetenzen analysiert.

Die Daten aus den Experteninterviews werden zu Handlungsempfehlungen zur Effizienzsteigerung des persönlichen Verkaufs und zur Imagesteigerung des Verkaufsberufs verknüpft. Auf Grund der Wahl eines qualitativen Forschungsansatzes, sollen auch Hypothesen für weitere Untersuchungen generiert werden.

1.3 Forschungsfragen

Auf Grund der Zielsetzung resultieren drei zentrale Fragen, die in dieser Diplomarbeit behandelt werden:

1. Welche Bedeutung hat die Serviceorientierung innerhalb des persönlichen Verkaufs im B2B-Vertrieb?

2. In welcher Weise können die Serviceorientierung und Clienting-Methoden zu einer Effizienzsteigerung des persönlichen Verkaufs in der Dienstleistungsbranche und zu einer Imageverbesserung des Verkaufberufs führen?

3. Welche Erwartungen haben Einkäufer an den Verkäufer im B2B-Vertrieb? Über welche Kompetenzen muss der Verkäufer in der Dienstleistungsbranche in Zukunft verstärkt verfügen?

1.4. Methodik

Die Basis des theoretischen Teils der Diplomarbeit bildet eine Literatur- und Internetrecherche. Hierbei wird bereits vorhandenes Material über die Serviceorientierung innerhalb des persönlichen Verkaufs analysiert und dokumentiert. Als Literaturquellen werden englisch- und deutschsprachige wissenschaftliche Artikel sowie Fachbücher und Sammelbände verwendet.

Der empirische Teil der Diplomarbeit erfolgt durch Expertengespräche. Da auf Grund der relativ geringen Anzahl bisheriger Forschungsarbeiten nur wenige Daten vorliegen, empfiehlt sich diese qualitative Erhebungstechnik. Dabei werden eventuelle, nicht in der Literatur erwähnte, Faktoren erhoben und Hypothesen generiert. Hierfür werden Personen aus der Dienstleistungsbranche, die für den Verkauf verantwortlich bzw. am Einkaufsprozess in ihrem Unternehmen beteiligt sind, befragt.

Die Befragung erfolgt durch Leitfadeninterviews und wird als Einzelbefragung durchgeführt. Durch die Leitidee und die darin enthaltenen Themen und Elemente erhält man ein Ergebnis, das Datenerhebung und -analyse ermöglicht und die Befragung auswertbar macht.

Zur Auswertung der Ergebnisse werden zwei unterschiedliche Verfahren eingesetzt, welche für die Auswertung von qualitativen Daten angemessen sind. Das Datenmaterial wird zu erst anhand des Prozessmodels zur induktiven Kategorienbildung verknüpft. Bei der Ergebnisdarstellung wird die quantitative Analyse in Form von Häufigkeiten der Kategorien angewendet (vgl. *Mayring* 2003, S. 74-76).

Das zweite Verfahren ist die qualitative Auswertung. Diese geschieht mittels des Modells von *Meuser / Nagel*. Dabei wird das Ziel verfolgt, Texte zur Ausarbeitung von Gemeinsamkeiten und Unterschieden zu vergleichen (vgl. *Meuser / Nagel* 2005, S. 80).

Mit dieser Methodik werden Hypothesen generiert. In weiterer Folge werden Praxisbeispiele zu Handlungsempfehlungen zusammengefasst.

1.5. Aufbau der Diplomarbeit

Das erste Kapitel der Diplomarbeit bildet die Einleitung. Darin werden neben der Problemstellung und den Zielen der Diplomarbeit auch die Forschungsfragen beschrieben. Weiters wird die Methodik und der Aufbau der Diplomarbeit erläutert.

Das zweite Kapitel beschäftigt sich mit Definitionen und Begriffsabgrenzungen. Hierbei werden neben den Begriffen Kunde, Serviceorientierung, persönlicher Verkauf, B2B-Vertrieb und Dienstleistung auch die Clienting-Philosophie erklärt.

Das dritte Kapitel steht im Zeichen des Kunden. Neben den Bedürfnissen, Aufgaben, Rollen und Funktionen des Einkäufers werden auch dessen Anforderungen an den persönlichen Verkauf erläutert. Ebenso wird die Bedeutung des Buying-Centers in diesem Zusammenhang beleuchtet.

Das vierte Kapitel konzentriert sich auf das Kundenmanagement. Ausgehend vom idealen Kunden wird auf Themen wie Kundenzufriedenheit, Neukundengewinnung, Kundenbindung, Kundenwert und Churn Management eingegangen.

Das fünfte Kapitel widmet sich dem Einkaufs- und Verkaufsprozess. Hierbei werden die einzelnen Prozessschritte aus der jeweiligen Sicht beschrieben.

Im nächsten Kapitel geht der Autor auf die Bedeutung der Serviceorientierung ein. Darin zeigt der Autor deren Bedeutung vor und nach dem Kauf auf.

Das siebente Kapitel fokussiert auf das Verkaufsmanagement. Zuerst werden die unterschiedlichen Verkaufsformen beschrieben. Weiters widmet sich dieses Kapitel der Effizienz im persönlichen Verkauf. Die Aufgaben, Rolle und Funktion, Image und Kompetenzen des persönlichen Verkaufs runden dieses Kapitel ab.

Das achte Kapitel beschäftigt sich mit der Clienting-Philosophie. Es werden Grundregeln und Herausforderungen, die Kundenerfolgslehre sowie partnerschaftliches Handeln beschrieben.

Im neunten Kapitel der vorliegenden Diplomarbeit wird auf die Besonderheiten des B2B-Vertriebs und der Dienstleistungsbranche eingegangen.

Das zehnte Kapitel bildet die empirische Untersuchung. Zuerst wird das Untersuchungsdesign vorgestellt. Danach werden die Ergebnisse der Befragungen und die daraus gewonnenen Daten als Handlungsempfehlungen dargelegt.

Das letzte Kapitel setzt sich schließlich aus der Zusammenfassung und der Interpretation der Hauptaussagen der theoretischen Analyse als auch der Ergebnisse der empirischen Untersuchung zusammen.

2. Definitionen und Begriffsabgrenzungen

2.1. Kunde

Kunden stellen die Marktpartei auf der Nachfrageseite eines Marktes dar. Sie können aus Einzelpersonen, Institutionen oder Organisationen mit mehreren Entscheidungsträgern bestehen (vgl. *Diller et al.* 2005, S. 24).

Den Status Kunde aus Unternehmenssicht erhält ein Nachfrager, wenn er ein Produkt oder eine Dienstleistung des Unternehmens erwirbt (vgl. *Meffert et al.* 2008, S. 47).

B2B-Kunden kaufen aus erwerbswirtschaftlichen Zwecken ein. Sie verfügen über eine andere Bedürfnisstruktur und tendieren zu professionelleren Beschaffungsentscheidungen als Privatkunden. Auf Grund dessen stellen B2B- Kunden, um die es in dieser Arbeit geht, im Wesentlichen die Zielgruppe des persönlichen Verkaufs dar (vgl. *Diller et al.* 2005, S. 25).

Kunden können unterschieden werden zwischen:

- Bestandskunden: Kunden, die überwiegend die Produkte und Dienstleistungen des Anbieters einsetzen
- Wettbewerbskunden: Kunden, die überwiegend die Produkte und Dienstleistungen der Mitbewerber einsetzen und
- (bisherige) Nichtverwender der angebotenen Produkte und Dienstleistungen (vgl. *Godefroid* 1999, S. 274).

Im 21. Jahrhundert wird der Kunde als ein psychologisches System mit Erwartungen, Gefühlen und Bewertungen sowie Zielen gesehen, die sich gemeinsam auf ein Produkt oder eine Dienstleistung beziehen (vgl. *Knotek* 2007, S. 7).

2.2. Serviceorientierung

Serviceorientierung ist die ständige, geistige Ausrichtung auf alle für das Dienen bedeutsamen Sachverhalte und die dahingehende umfassende Aufnahme der entsprechenden Informationen mit Verhaltensabsicht. Sie beinhaltet einerseits eine aktivierende Komponente, die aus der Motivation des Kundenkontakt-Mitarbeiters besteht, dem Kunden als Problemlöser zu helfen und zu dienen. Andererseits reflektiert die Überzeugung des Mitarbeiters, dass die Tätigkeit des Dienens als wichtig zu erachten ist, die kognitive Dimension der Orientierung. Der serviceorientierte Mitarbeiter geht davon aus, dass die Erbringung der Dienstleistung sowohl dem Kunden als auch ihm selbst Nutzen durch beidseitige Zufriedenheit stiftet (vgl. *Coenen* 2001, S. 347).

Serviceorientierung ist die geistige Ausrichtung des Mitarbeiters, dessen Verhalten sich dahingehend orientiert, die Erwartungen des Kunden während des Dienens zu erfüllen. Der Mitarbeiter ist motiviert, qualitativ hochwertige Dienstleistungen zu erbringen und dadurch den Kunden zufrieden zu stellen (vgl. *Coenen* 2001, S. 360).

Serviceorientierung ist das Verhalten sowie die Art und Weise des Umgangs. Hierbei liegt die Verantwortung beim Mitarbeiter selbst (vgl. *Mönch / Goller* 2008, S. 230).

2.3. Persönlicher Verkauf

Der persönliche Verkauf kann definiert werden als formelle, bezahlte, persönliche Präsentation von Unternehmensaspekten oder Ideen an Individuen, Gruppen oder Organisationen (vgl. *Jackson et al.* 2007, S. 2).

In der wissenschaftlichen Literatur ist der persönliche Verkauf die persönliche Kontaktaufnahme der Verkaufspersonen mit den potenziellen Käufern. Diese sollen auf der Basis eines Verkaufsgespräches zu einem Kauf veranlasst werden (vgl. *Corsten / Gössinger* 2008, S. 597).

2.4. B2B-Vertrieb

Der B2B-Vertrieb beinhaltet direkte Transaktionen zwischen Geschäftsleuten. Dabei kaufen Firmen bzw. Geschäftsleute für den eigenen Bedarf, zur Weiterverarbeitung oder als Wiederverkäufer ein (vgl. *Winkelmann* 2008a, S. 8).

Der B2B-Vertrieb dient dem Absatz von Sachgütern, Dienstleistungen und Rechten. Diese werden von Organisationen (Unternehmen, Behörden, etc.) beschafft, um andere Leistungen zu erbringen, die über den mittelbaren oder unmittelbaren Weiterverkauf an Endverbraucher hinausgehen (vgl. *Kuß / Tomczak* 2007, S. 249).

2.5. Dienstleistung

In der Literatur hat der Dienstleistungsbegriff vielfältige definitorische Abgrenzungen erfahren. Die vorhandenen Definitionsvorschläge lassen sich in drei Gruppen einteilen:

- Der Begriff Dienstleistung wird über eine Aufzählung von Beispielen präzisiert (enumerative Definition).
- Der Begriff Dienstleistung wird über eine Negativdefinition zu den Sachgütern abgegrenzt.
- Auf der Grundlage konstitutiver Merkmale wird der Dienstleistungsbegriff definiert. Dabei kann zwischen potenzialorientierten, prozessorientierten und ergebnisorientierten Definitionen unterschieden werden (vgl. *Corsten / Gössinger* 2007, S. 21).

In der Wissenschaft hat sich die Drei-Phasen-Auffassung des Dienstleistungsbegriffes als geeignet erwiesen. Die drei Phasen sind die Potenzialorientierung, die Prozessorientierung und die Ergebnisorientierung (vgl. *Meffert / Bruhn* 2006, S. 33).

Aus der Potenzialorientierung von Dienstleistungen ergibt sich die Notwendigkeit der Leistungsfähigkeit des Dienstleistungsanbieters. Eine Dienstleistung kann nicht ohne spezifische Leistungsfähigkeiten wie beispielsweise Know-how, körperliche Fähigkeiten und Technologie erstellt werden (vgl. *Meffert / Bruhn* 2006, S. 64).

Das Uno-actu-Prinzip bezeichnet die Kopplung von Produktion und Absatz. Bei Dienstleistungen geht die Leistung unmittelbar an den Nachfrager bzw. Kunden. Die Dienstleistung hat Prozesscharakter. Daraus schließt sich, dass der Prozess bereits das Produkt ist. Bei Dienstleistungen kann kein fertiges Produkt, sondern nur eine Leistungsbereitschaft vorgehalten werden (vgl. *Harms* 2002, S. 427).

Bei einer ergebnisorientierten Betrachtung wird die Dienstleistung als ein immaterielles Ergebnis einer dienstleistenden Tätigkeit verstanden. Die Ergebnisse werden durch die durch Dienstleistungen bewirkten Veränderungen an Personen oder Objekten sichtbar. Im Vordergrund dieser Betrachtungsweise stehen die Wirkungen der Leistung, d.h. ihre Nutzenstiftung (vgl. *Corsten / Gössinger* 2007, S. 22).

Im Gegensatz zu Serviceleistungen sind Dienstleistungen kostenpflichtig (vgl. *Winkelmann* 2008a, S. 5).

2.6. Clienting

Unter Clienting versteht man den systematischen Aufbau einer Verschmelzung mit Kunden durch die Dimensionen Beziehungsnetzwerke und persönliche sowie elektronische Informationsnetzwerke. Der wichtigste Aktivposten ist die Beziehungsqualität zum Kunden. Die Vision von Clienting ist es, die Kunden als Verkäufer in die eigenen Lösungen zu integrieren. Das Netzwerk mit Kunden ist nicht einseitig. Es ist geprägt von gegenseitiger Partnerschaft und wechselseitigen Interessen. Im Vordergrund der Lösung stehen die Kundeninteressen. Kurz gesagt fokussiert Clienting auf den Kunden als Menschen und die Steigerung seines Erfolgs und nicht auf den Markt (vgl. *Geffroy* 2000, S. 21).

Clienting stammt aus dem Amerikanischen und steht für Kundenbindung. Marketing, das sich an der Clienting-Philosophie ausrichtet, versteht sich nicht vordergründig als Produktmanagement, sondern als Kundenmanagement. Dabei wird versucht das Vorteilsdenken des Unternehmens in Vorteilshandeln für den Kunden umzusetzen. Es wurde erkannt, dass der Nutzen des Kunden langfristig der Nutzen des Unternehmens ist. Bei Clienting steht die Kundenzufriedenheit im Zentrum (vgl. *Busch* 1998, S. 182).

3. Kunde

Kunden sind externe Marktteilnehmer, welche als inländische bzw. ausländische Unternehmen oder als Haushalte die Produkte bzw. Dienstleistungen des Unternehmens kaufen und nutzen (vgl. *Olfert / Rahn* 2008, S. 36).

Im B2B-Bereich lassen sich vier potenzielle Kundengruppen identifizieren:

- Nutzer: Darunter sind die Endkunden zu verstehen, die eine Dienstleistung zur Erfüllung eigener Bedürfnisse in Anspruch nehmen.
- Weiterverarbeiter: Diese Kundengruppe integriert die gekauften Dienstleistungen in ihre eigenen Dienstleistungen.
- Händler: Händler vertreiben die Dienstleistung unverändert bzw. reichern diese mit Serviceleistungen an.
- Berater: Diese Kundengruppe beraten Nutzer oder Weiterverarbeiter bei der Dienstleistungswahl. Dazu zählen beispielsweise Unternehmensberater und Planungsbüros (vgl. *Homburg et al.* 2008, S. 31f.).

Der gewerbliche Kunde kauft ein Produkt oder eine Dienstleistung, um diese zur Erstellung seiner eigenen Leistungen zu benutzen. Diese Produkte und Dienstleistungen werden nicht bzw. nur in sehr stark veränderter Form Bestandteil der Leistungen des Unternehmens (vgl. *Godefroid* 2002, S. 790).

3.1. Einkauf

3.1.1. Bedürfnisse des Einkäufers

Der Kunde will durch den Kauf der Dienstleistung ein Problem lösen. Für den Verkäufer steigen die Chancen dem Kunden etwas zu verkaufen, wenn er ihm etwas liefern kann, das mit seiner idealen Lösungsvorstellung übereinstimmt (vgl. *Miller / Heiman* 1991, S. 55).

Der professionelle Kunde erfährt vom Kundenbedarf häufig erst durch den Auftrag. Dies führt zu einer Bedarfsunsicherheit. Konzepte und Instrumente, die der Reduzierung der Bedarfsunsicherheit dienen, sind von großer Bedeutung (vgl. *Melzer-Ridinger* 2004, 11).

Obwohl B2B-Kunden als professionelle Einkäufer von emotionalen Aspekten beeinflusst werden, läuft organisationales Einkaufen rational und nach wirtschaftlichen Kriterien ab. Der Grund hierfür ist, dass Einkäufer ihre Entscheidungen gegenüber den anderen Mitgliedern der Organisation bzw. des Buying-Centers begründen müssen (vgl. *Jobber / Lancaster* 2006, S. 78).

Verkäufer sollen bedarfsgerecht verkaufen Hierbei soll eine Übereinstimmung zwischen dem wahren Bedarf des Kunden und dem Dienstleistungsangebot herbeigeführt werden (vgl. *Miller / Heiman* 1988, S. 243).

3.1.2. Aufgaben des Einkäufers

Der Einkauf ist damit betraut, die Versorgung des Unternehmens mit den für die Erzeugung der eigenen Produkte und Dienstleistungen erforderlichen fremden Gütern bzw. fremden Dienstleistungen sicherzustellen. Dabei verfolgt er das Ziel, eine entsprechende Wertschöpfung für das Unternehmen zu erreichen (vgl. *Vlcek* 2003, S. 7)

Im Einkauf findet nach einer intensiven Beschaffungsmarktforschung die Auswahl von Lieferanten für die benötigen Einsatzmaterialen statt. Weitere Aufgabenbereiche des Einkäufers bilden die Verhandlungen mit Lieferanten, die Vertragsgestaltung sowie der Vertragsabschluss. Es obliegt dem Einkäufer, durch Preis- und Wertanalysen eine Reduzierung der Einkaufskosten herbeizuführen. Neben den gestaltenden Aufgaben sind dem Einkauf Verwaltungsaufgaben zugeordnet. Zu diesen zählen die Abwicklung von Bestellungen, die Erteilung von Abrufen aus Rahmenverträgen und die Durchführung von Routineanfragen (vgl. *Schulte* 2005, S. 263f.).

Die Aufgabe des Einkäufers ist die strategische, administrative und wirtschaftliche Bereitstellung des Produktionsmaterials, der materiellen Produktionsmittel sowie die Entsorgung von Rest- und Überschussmaterial. In der Versorgung ist der Einkäufer für die kaufmännischen und marktbezogenen Aspekte verantwortlich (vgl. *Hirschsteiner* 2006, S. 25).

Das hauptsächliche Aktionsfeld der Einkäufer ist der Markt mit seinen Anbietern und Lieferanten. Durch den Anbieterwettbewerb ergeben sich die Erfolgspotenziale und das strategische Wirkungsfeld der Einkäufer. Für sie gelten dieselben Gegebenheiten, Chancen, Risiken und Anforderungen wie für Verkäufer (vgl. *Hirschsteiner* 2006, S. 20).

3.1.3. Rolle und Funktion des Einkäufers

Die Zunahme des globalen Wettbewerbs, Konzentrationsprozesse, die Etablierung neuer Informations- und Kommunikationstechnologien sowie die Konzentration auf Kernkompetenzen führten in den letzten Jahren zu Änderungen der Beschaffungsfunktion. Diese hat sich von einer passiven, auf kurzfristige Effizienz gerichteten Rolle in eine aktive, auf Effektivität gerichtete Rolle entwickelt. Dies inkludiert sowohl kooperative Bemühungen auf der vertikalen Ebene zwischen Abnehmer und Lieferant als auch auf der horizontalen Ebene. Auf horizontaler Ebene kommt es zu Einkaufskooperationen zwischen verschiedenen beschaffenden Unternehmen (vgl. *Backhaus / Voeth* 2007, S. 41f.).

Der Einkäufer kann mehrere Rollen im Kaufentscheidungsprozess haben.

Die Rolle des „buyers" schreibt vor, dass er immer eine rationale Entscheidung trifft, die den größten wirtschaftlichen Beitrag für sein Unternehmen bringt. Eine weitere Rolle ist die des „technocrat". Hierbei hat er zu beurteilen, ob die angebotene Dienstleistung den Anforderungen des Unternehmens entspricht oder nicht. Um sicher zu stellen, dass die Produkte vorhanden sind, wenn sie gebraucht werden, nimmt der Einkäufer die Rolle des „scheduler" ein. Als „negotiator" ist es sein Ziel den besten Preis zu verhandeln. Demzufolge ist es wichtig, dass er gut kommunizieren und Situationen analysieren kann sowie einen Kompromiss mit der anderen Partei findet (vgl. *Jackson et al.* 2007, S. 21).

In Unternehmen fungiert der Einkäufer als interner Dienstleister für interne Kunden. Interne Kunden sind die Mitarbeiter der Verwaltung, des Vertriebs und der Entwicklung (vgl. *Melzer-Ridinger* 2004, S. 6).

Durch seine Marktkenntnisse und Kontakte zu potenziellen und bestehenden Lieferanten und Impulsgebern nimmt der Einkäufer eine Schlüsselposition für das Unternehmen ein. Seine Funktion geht weit über eine reine Kostenoptimierung hinaus (vgl. *Hildebrandt* 2008, S. 5).

3.2. *Anforderungen des Einkäufers an den persönlichen Verkauf*

Für den Einkäufer ist der Verkäufer die Personifikation des anbietenden Unternehmens. Oftmals ist der Verkäufer auch die einzige Person des Anbieters, mit dem Einkäufer jemals kommuniziert haben. Das Ergebnis dieser Beziehung ist, dass das

Verhalten und die Aktionen des Verkäufers starken Einfluss auf das Unternehmensimage haben (vgl. *Jackson* et al. 2007, S. 3).

Aus Einkäufersicht sind Verlässlichkeit, Glaubwürdigkeit, Professionalität, Integrität und Produktkenntnisse die wichtigsten Eigenschaften eines Verkäufers (vgl. *Jackson et al.*, S. 12).

Kunden erwarten Freundlichkeit, Höflichkeit, Einfühlungsvermögen, Verlässlichkeit, Reaktionsschnelligkeit und Fairness bei der Problemlösung. Der Verkäufer muss daher über die entsprechende Motivation zur Serviceorientierung sowie über Sozial-, Emotional- und Fachkompetenz verfügen (vgl. *Stauss / Seidel* 2007, S. 487).

3.3. Buying-Center

Wenig bedeutende Entscheidungen oder identische Wiederkäufe werden häufig von einem Einkäufer allein vorbereitet und durchgeführt. Die Wahrscheinlichkeit, dass mehrere (unterschiedlich spezialisierte) Fachleute am Einkauf beteiligt sind, ist abhängig von der Bedeutung, der Neuartigkeit oder der Komplexität des Einkaufs. Die an einem Einkauf beteiligte Menge von Personen bezeichnet man als Buying-Center (vgl. *Kuß / Tomczak* 2007, S. 258f.).

Das Buying-Center ist ein gedanklicher Zusammenschluss der an einer bestimmten organisationalen Kaufentscheidung beteiligten Personen bzw. Gruppen. Hierbei handelt es sich um eine informelle Gruppe. Ein Buying-Center stellt in der Regel keine eigenständige Abteilung im Unternehmen dar (vgl. *Homburg* et al. 2008, S. 215).

Der Leitgedanke des Buying-Center Konzepts ist, dass zum Kauf von Industriegütern bestimmte Mitglieder einer Organisation(und Dritte) problembezogene Gruppen bilden. Die Gruppenmitglieder interagieren, um zu einer Lösung zu gelangen (vgl. *Backhaus / Voeth* 2007, S. 46).

Die einzelnen Mitglieder des Buying-Centers übernehmen spezifische Rollen und Funktionen. Die Kenntnis der Rollen und Funktionen ist für die zielgerechte Ansprache und Information besonders wichtig (vgl. *Diller et al.* 2005, S. 24).

In der einschlägigen Literatur finden Rollenkonzepte im Buying-Center breite Aufmerksamkeit. Der Grund hierfür ist, dass aus den Rollen der Buying-Center-Mitglieder auf das zu erwartende Verhalten innerhalb des Beschaffungsprozesses geschlossen werden kann. Es handelt sich bei der Rolle um die an den Inhaber einer bestimmten Position in der Organisation kommunizierte personenunabhängige Verhaltenserwartung. Diese münden je nach Wahrnehmung und Umsetzung dieser Erwartungen in mehr oder weniger stark rollengeprägte Verhaltensmuster. Das Rollenkonzept dient der Verständniserweiterung multipersonaler Kaufentscheidungen (vgl. *Backhaus / Voeth* 2007, S. 50f.).

Die in der Literatur (vgl. *Kuß / Tomczak* 2007, S. 259f.; *Jobber / Lancaster* 2006, S. 92) beschriebenen Rollen im Buying-Center gehen auf das Rollenmodell von *Webster / Wind* zurück. Folgende Rollen spielen die Mitglieder eines Buying-Centers:

- Benutzer: Benutzer sind Personen, die die zu beschaffenden Güter oder Dienstleistungen später im Rahmen ihres Aufgabenfeldes verwenden sollen. Die Initiative zu einem Beschaffungsprozess geht vom zukünftigen Nutzer aus. Zusätzlich hat der Benutzer durch sein spezifisches Wissen und seine Schlüsselstellung hinsichtlich der Akzeptanz der zu erkaufenden Dienstleistungen maßgeblichen Einfluss auf die Beschaffungsentscheidung.
- Beeinflusser: Die Rolle des Beeinflussers ist es relevante Informationen einzubringen oder bei der Festlegung von Mindestanforderungen mitzuwirken. Diese Rolle wird von verschiedenen Angehörigen der Organisation wahrgenommen.
- Einkäufer: Einkäufer haben die formelle Autorität Lieferanten zu selektieren und die Einkaufskonditionen zu verhandeln.
- Entscheider: Entscheider besitzen eine formale oder informale Machtposition. Diese befähigt sie über die Auswahl aus vorliegenden Angeboten zu entscheiden. Der Einkäufer kann der Entscheider sein. Ebenso ist es möglich, dass die Entscheidung von jemand anderem gefällt wird und der Einkäufer die Entscheidungsdurchführung übernimmt.
- Wächter: Wächter sind Mitglieder des Buying-Centers, die den Informationsfluss innerhalb der Gruppe steuern. Sie haben den größten Einfluss in der Phase der Identifkation von Kaufalternativen (vgl. *Webster / Wind* 1972, S. 78-80).

Die Position, die der Rolleninhaber in seinem Unternehmen innehat, hängt von verschiedenen Faktoren ab. Zu den wichtigsten Faktoren zählen die Höhe des Auftragswertes, die wirtschaftliche Lage des Unternehmens und die voraussichtliche Auswirkung der Entscheidung auf das Kundenunternehmen. Weitere Faktoren sind die Erfahrungen, die das Kundenunternehmen mit dem anbietenden Unternehmen besitzt und die Erfahrungen, die es mit der Dienstleistung gemacht hat (vgl. *Miller / Heiman* 1988, S. 71).

Bei der Rollenverteilung sind zwei wichtige Gesichtspunkte zu beachten. Es können mehrere Personen die gleiche Rolle wahrnehmen. Beispielsweise können mehrere Nutzer als Beeinflusser auftreten. Ebenso ist zu berücksichtigen, dass eine Person mehrere Rollen im Beschaffungsprozess haben kann. Beispielsweise fällt die Rolle des Benutzers mit der des Beeinflussers zusammen (vgl. *Kuß / Tomczak* 2007, S. 260f.).

Die Kaufbeeinflusser-Gruppen müssen vom Verkäufer in jedem Verkaufsvorgang identifiziert und kontaktiert werden. Der Grund hierfür ist, dass jeder von ihnen den Verkaufsvorgang aus einer anderen Perspektive sieht. Dies resultiert aus den verschiedenen Aufgabenstellungen und den damit verbundenen Gründen. Bevor der Verkäufer einen Abschluss erzielen kann, ist es seine Aufgabe, die einzelnen Kaufbeeinflusser zu überzeugen (vgl. *Miller / Heiman* 1988, S. 68).

Für den Anbieter ist es von entscheidender Bedeutung herauszufinden, welche Personen an der Entscheidung des Buying-Centers beteiligt sind. Dies hilft bei der Identifizierung der Struktur und des Umfangs des Buying-Centers. Nach der Identifikation der Struktur und des Umfangs gilt es die beteiligten Personen zu charakterisieren. Die Personifizierung und die wahrgenommenen Rollen und Funktionen der Buying-Center-Mitglieder dienen als qualitative Informationen für die anschließende Bearbeitung des Buying-Centers. Zusätzlich ist das Verhalten der einzelnen Mitglieder innerhalb des Beschaffungsprozesses zu analysieren. Im speziellen handelt es sich hierbei um das Informationsverhalten, das Entscheidungsverhalten, die Form der Entscheidungsfindung bei Präferenzkonflikten und den Einfluss des einzelnen Mitglieds auf den Beschaffungsprozess (vgl. *Backhaus / Voeth* 2007, S. 47).

Für den Verkäufer entsteht durch persönliche Identifikation der Vorteil der Benennung von Ansprechpartnern. Durch Kenntnis der individuellen Charakteristika lassen sich sinnvolle Vorgehensweisen bei der persönlichen Ansprache ableiten. In der Literatur finden die Merkmale persönliche Betroffenheit und Erfahrung besondere Beachtung. Diese Merkmale führen zu einem höheren Involvement des Buying-Center-Mitglieds im Beschaffungsprozess (vgl. *Backhaus / Voeth* 2007, S. 49).

Wenn zwischen den Verkäufern und den Mitgliedern des Buying-Centers langjährige, gute persönliche Kontakte bestehen, trägt dies erheblich zum Verlauf des Beschaffungsprozesses bei (vgl. *Backhaus / Voeth* 2007, S. 40).

4. Kundenmanagement

Das Kundenmanagement inkludiert das Management der kommunikativen Interaktionsprozesse eines Anbieters mit potenziellen und bestehenden Kunden. Im Mittelpunkt des Managements steht neben dem Verkaufen die Gestaltung von Geschäftsbeziehungen mit Kunden (vgl. *Diller et al.* 2005, S. 23).

Kundenmanagement beinhaltet Aktivitäten in Bezug auf die Kundengewinnung, -bindung und -rückgewinnung (vgl. *Michalski / Bruhn* 2008, S. 273).

Die Zielsetzung eines institutionalisierten Kundenmanagements ist es, die Bedürfnisse einzelner Kunden und bestimmter in sich homogenen Kundengruppen stark zu berücksichtigen. Dadurch soll der Kundenbedarf möglichst schnell, kostengünstig und flexibel befriedigt werden (vgl. *Vahs* 1999, S. 153).

Kundenmanagement strebt eine langfristig ergiebige Kundenbeziehung an. Hierbei werden auf die durch Kundenbindung ausgelösten Kundenwertkomponenten des Cross-Buying, der stärkeren Kundenpenetration sowie der Weiterempfehlung abgezielt (vgl. *Diller et al.* 2005, S. 30).

In seiner Gesamtdarstellung kann das Kundenmanagement als kontinuierlicher Prozess verstanden werden. Die wichtige Rückkopplungsschleife der Betreuung von Bestandskunden bedeutet, dass die Kundenbetreuung und -bindung einen höheren Stellenwert besitzt als die Neukundengewinnung. Die Akquisition neuer Kunden kann die Schwächen der Dienstleistung und den dadurch abgewanderten Kunden nicht ersetzen (vgl. *Töpfer* 2008, S. 14).

Im Kundenmanagement sind die Persönlichkeitsmerkmale und Fähigkeiten des Verkäufers von entscheidender Bedeutung. Der Grund hierfür ist der tägliche Kundenkontakt (vgl. *Homburg et al.* 2008, S. 243).

4.1. Der ideale Kunde

Unternehmen müssen das Ziel erreichen, ihre Kunden zu identifizieren, zu personifizieren, zu charakterisieren und zu motivieren. Da dies nicht bei allen Kunden möglich ist, müssen Unternehmen ihre idealen Kunden herausfiltern (vgl. *Geffroy* 2000, S. 76).

Der ideale Kunde weist folgende Merkmale auf:

- Die Akquisition erfolgt mit verhältnismäßig geringen Kosten.
- Der Kunde akzeptiert den regulären Preis.
- Der Betreuungsaufwand ist relativ gering.
- Der ideale Kunde nimmt große Einzelmengen ab.
- Zusätzliche Serviceleistungen werden nicht gefordert.
- Terminschwankungen werden toleriert.
- Gegenüber Konkurrenzeinflüssen bleibt der ideale Kunde resistent.
- Der Name des idealen Kunden dient als Referenz bei Neukunden.
- Er fungiert als aktiver Empfehlungsgeber (vgl. *www.wirtschaftslexikon24.net* 2008).

Das Idealkunden-Profil ist eine Methode, mit deren Hilfe Unternehmen und Verkäufer neue Kunden und Interessenten als gute oder beste Neukunden identifizieren können. Weiters dient es der Abschätzung von langfristigen beidseitigen Vorteilen vom Beginn bis zum Ende jedes Verkaufsvorgangs (vgl. *Miller / Heiman* 1988, S. 59).

4.2. Kundenzufriedenheit

Die Entstehung von Kundenzufriedenheit ist das Ergebnis eines komplexen Informationsverarbeitungsprozesses bei den relevanten Personen im Kundenunternehmen. Diese spiegeln ihre Erwartungen und Wünsche (Soll-Komponente) an der tatsächlich erbrachten Leistung bzw. der von ihnen wahrgenommenen Leistung eines Anbieters (Ist-Komponente) wider (vgl. *Pörner* 1999, S. 528).

Zufriedenheit bzw. Unzufriedenheit eines Kunden reflektieren, wie der Kunde Dienstleistungen beurteilt, mit denen er zuvor Erfahrungen gesammelt hat. Zufriedenheit ist das Ergebnis einer Ex-post-Beurteilung und setzt ein konkretes, selbst erfahrenes Konsumerlebnis voraus (vgl. *Stauss / Seidel* 2007, S. 59).

Die Kundenzufriedenheit ist als dynamischer Prozess zu sehen, da die Leistungserwartung der Kunden nicht konstant bleibt. Diese nimmt kontinuierlich zu. Wenn das Unternehmen sein Leistungsniveau nicht an das Anspruchsniveau der Kunden anpasst, entsteht eine Lücke zwischen Leistungserwartung und -wahr- nehmung. Diese Lücke kann in weiterer Folge zu Kundenilloyalität und Kundenabwanderung führen. Um dieses Problem zu vermeiden, hat der Verkäufer als Schnittstelle zum Kunden seine Schüsselrolle zu erfüllen (vgl. *Homburg et al.* 2008, S. 4f.).

Ein zufriedener Kunde ist auf Grund seiner Zufriedenheit gerne bereit, seine Aufträge zu erhöhen und Empfehlungen bei anderen Kunden auszusprechen (vgl. *Geffroy* 2000, S.70).

Es besteht ein positiver Zusammenhang zwischen der Kundenzufriedenheit und der Kundenbindung. Je stärker der Kunde mit der Leistung des Anbieters zufrieden ist, desto stärker ist dessen Bindung zu diesem Anbieter (vgl. *Hentschel* et al. 2008, S. 125).

Die Faustregel bei der Kundenzufriedenheit ist, dass zufriedene Kunden drei weiteren potenziellen Kunden ihre Erfahrungen weiter erzählen. Im Gegensatz dazu erzählt ein unzufriedener Kunde zehn weiteren potenziellen Kunden von seiner Unzufriedenheit. Daraus schließt sich, dass ein zufriedener Kunde das wertvollste Firmenkapital darstellt. Ebenso ist er ein hochmotivierter Ideengeber für neue Lösungen und hat Interesse daran, noch weitere Dienstleistungen in Anspruch zu nehmen (vgl. *Geffroy* 2000, S. 197).

Bei Dienstleistungen ist die Kundenzufriedenheit als kundenbezogene Dienstleistungsqualität zu verstehen. Diese ist ausschlaggebend für den Erfolg eines Dienstleistungsunternehmens. Daher muss die persönliche Beurteilung der Dienstleistung durch den Kunden das unerlässliche Ideal für den Dienstleister sein (vgl. *Luczak* 2003, S. 12).

Dienstleistungsunternehmen müssen zur Erreichung von Kundenzufriedenheit die Erwartungen ihrer Kunden erfüllen. Die Kunden sehen im Dienstleister einen Bereitsteller von Lösungen für ihre Probleme. Dabei erwarten sie eine flexible Anpassung der jeweiligen Leistung an ihre Bedürfnisse. Dienstleistungsunternehmen müssen der Ermittlung der Kundenerwartungen besondere Bedeutung beimessen. Die Erwartungen bilden die Voraussetzungen für das Kundenbindungsmanagement (vgl. *Luczak* 2003, S. 90f.).

Verkäufer, die über Serviceorientierung verfügen und sich serviceorientiert verhalten, beeinflussen damit die Dienstleistungsqualität, die vom Kunden bewertet wird (vgl. Abb. 1) (vgl. *Coenen* 2001, S. 361).

Abbildung 1: Von der Serviceorientierung zur Dienstleistungsqualität

```
                    ┌─────────────────────────┐
                    │        Verkäufer        │
                    └─────────────────────────┘
                              besitzt
                    ┌─────────────────────────┐
                    │    Serviceorientierung  │
                    └─────────────────────────┘
                             beeinflusst
                    ┌─────────────────────────┐
                    │    Mitarbeiterverhalten │
                    └─────────────────────────┘
                             beeinflusst
                    ┌─────────────────────────┐
                    │  Dienstleistungsqualität│
                    └─────────────────────────┘
                              bewertet
                    ┌─────────────────────────┐
                    │          Kunde          │
                    └─────────────────────────┘
```

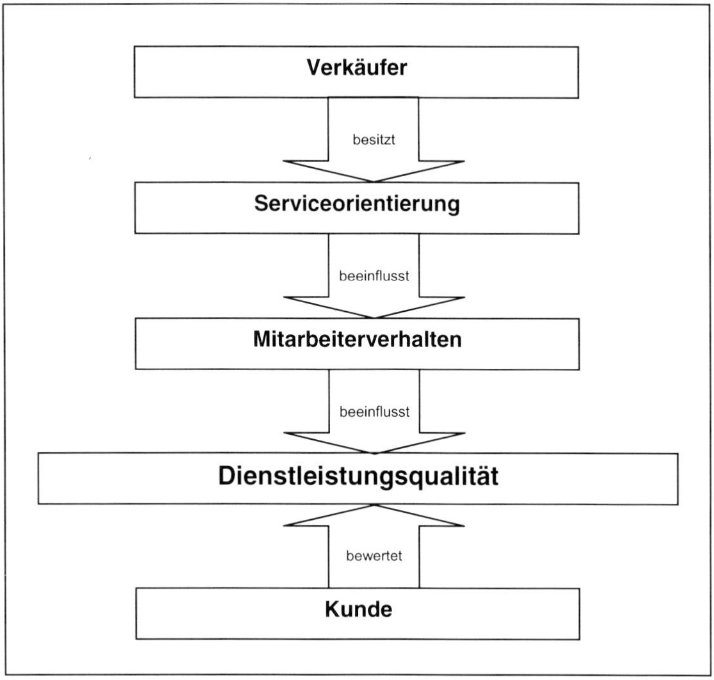

Quelle: in Anlehnung an *Coenen* 2001, S. 361

4.3. *Neukundengewinnung*

Die Neukundengewinnung umfasst sämtliche Aktivitäten, die mit der Initiierung einer Kundenbeziehung im Zusammenhang stehen (vgl. *Michalski / Bruhn* 2008, S. 273).

Bei der Kundengewinnung werden Vertriebsaktivitäten eingesetzt, um das Interesse neuer Kunden für das Unternehmen und seine Leistungen zu wecken. Weitere Ziele sind das Erlangen von Aufmerksamkeit und Bekanntheit hinsichtlich der Leistungen sowie das Erreichen von Präferenzen und einem positiven Image auf Kundenseite. Die Aktivitäten zielen auf die Steuerung des kundenseitigen Informationsverhaltens ab. Im Hinblick auf den Kundenkontakt sollen ein Dialog und Interaktionen initiiert werden (vgl. *Meffert / Bruhn* 2006, S. 224).

Die Neukundenakquisition ist zielführend für die Ausweitung des Kundenstamms und für das Wachstum des Unternehmens (vgl. Töpfer 2008, S. 14f.).

Im Zuge der Neukundengewinnung hat der Verkäufer mit zahlreichen Abweisungen zu rechnen. Der vorherrschende Käufermarkt führt dazu, dass Kunden eine hohe Markttransparenz haben und Verkäuferkontakte als Belästigung empfinden. Aus diesem Grund haftet der Verkaufsarbeit bei Neukunden das Image des Klinkenputzens an (vgl. Dannenberg 2002, S. 34).

Es gibt fünf fundamentale Gründe für einen Käufer, eine Geschäftsbeziehung abzulehnen.

- Die Notwendigkeit für den Kauf einer Dienstleistung besteht nicht. Die Dienstleistung und der Wunsch des Kunden passen nicht eindeutig zusammen.
- Der Kunde hat kein Geld bzw. kein ausreichendes Budget oder keine Möglichkeit, die erforderlichen Ressourcen freizusetzen um den Kauf zu finanzieren.
- Der potenzielle Kunde hat nicht den Wunsch, die Veränderung herbeizuführen, die mit dem Kauf verbunden wäre.
- Der Kunde sieht keine Dringlichkeit, die Veränderung zum jetzigen Zeitpunkt herbeizuführen.
- Es fehlt die Vertrauensgrundlage. Der Kunde glaubt nicht, dass der Verkäufer daran interessiert ist, beiden Interessen – denen des Kunden und seinen eigenen – gerecht zu werden (vgl. *Miller / Heiman* 1991, S. 214).

Eine aktive Kundenbetreuung ist der schnellste und einfachste Weg, um neue Kunden zu gewinnen. Unternehmen und Kunden sollten daher im gemeinsamen Interesse eng zusammenarbeiten (vgl. Geffroy 2000, S. 70).

4.4. *Kundenbindung*

Kundenbindung ist die Schaffung und Pflege langfristiger Geschäftsbeziehungen zwischen einem Unternehmen und seinen Kunden. Grundsätzlich ist die Kundenbindung durch Orientierung an den Bedürfnissen, Wünschen und Problemen erreichbar (vgl. *Lauer / Geml* 2000, S. 116).

Kundenbindung lässt sich als ein Zweck-Mittel-Zusammenhang interpretieren. Kunden sehen in ihren Geschäftspartnern eine geeignete Möglichkeit, ihre ökonomischen und persönlichen Bedürfnisse zu befriedigen. In der Regel entsteht diese Ziel-Mittel-Wahrnehmung durch Lernprozesse (vgl. *Weinberg* 2000, S. 44).

Als wesentliche Voraussetzung für die Kundenbindung gilt die Zufriedenheit des Kunden mit den Leistungen eines Anbieters. Weitere Gründe für die Bindung von Kunden sind das Schaffen von Value-Added-Services und der Aufbau von persönlichen Beziehungen (vgl. *Homburg et al.* 2008, S. 285 f.).

Kundenbindungsmaßnahmen zielen darauf ab die Wahlmöglichkeiten eines Interessenten oder Kunden einzuengen und das Tätigen von Käufen bei Mitbewerbern zu verhindern (vgl. *Winkelmann* 2008a, S. 353).

Maßnahmen zur Kundenbindung haben das Ziel das tatsächliche Verhalten als auch Verhaltensabsichten eines Kunden gegenüber einem Anbieter oder dessen Leistungen positiv zu gestalten. Hiermit wird die langfristige Geschäftsbeziehung zu diesem Kunden für die Zukunft stabilisiert bzw. ausgeweitet (vgl. *Bruhn* 2007a, S. 113).

Die Kundenbindung ist ein Prozess, welcher auf verschiedenen Bedarfs- und Hierarchieebenen im Unternehmen des Kunden ansetzt und Zeit braucht. Die Basis hierfür bilden die positiven Erfahrungen aus der Vergangenheit (vgl. *Dannenberg* 2002, S. 48).

Als Indikatoren der Kundenbindung gelten der Wiederkauf, die Kaufhäufigkeit, der Zusatzkauf (Cross-Buying) sowie Weiterempfehlungen. Zusätzlich kann Kundenbindung aus dem Verhalten von Kunden in Prozessen der Kundenintegration abgeleitet werden. Beispielsweise sind besonders kooperatives Verhalten von Kunden oder eine tiefe Integration der Kunden in Wertschöpfungsprozesse deutliche und wichtige Hinweise für die Stärke der Kundenbindung (vgl. Abb. 2) (vgl. *Meyer / Blümelhuber* 2000, S. 275).

Zur Erzeugung von Kundenloyalität reicht die Kundenzufriedenheit allein nicht aus. Diese wird vielmehr dadurch erzeugt, dass der Kunde die Absicht zu einer wiederholten Inanspruchnahme der Dienstleistung hat. Das Ziel des Unternehmens ist daher, dass auf Grund kundenbindender Aktivitäten die Kunden zu Folgeinanspruchnahme zu veranlassen (vgl. *Luczak* 2003, S. 75).

Abbildung 2: Indikatoren der Kundenbindung

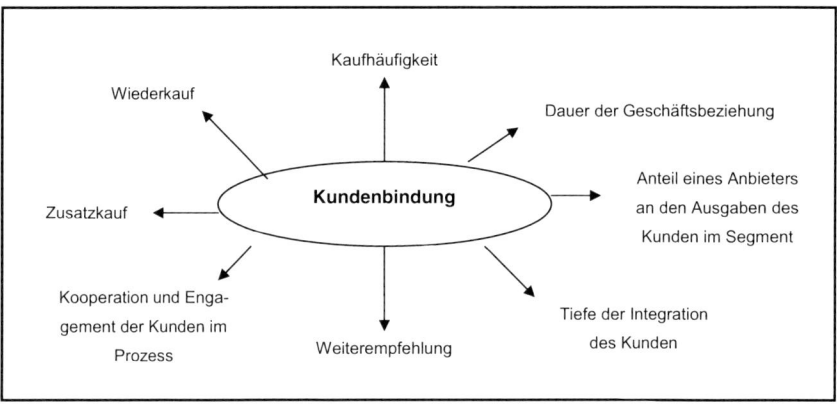

Quelle: in Anlehnung an *Meyer / Blümelhuber* 2000, S. 275

Serviceaktivitäten haben ein hohes Kundenbindungspotenzial. Dies resultiert aus einer möglichen Beziehungsverlängerung und -intensivierung sowie aus dem Potenzial von Services, Zufriedenheit zu erzeugen bzw. Wechselbarrieren aufzubauen.

Serviceleistungen sorgen dafür, dass sich die Beziehung zwischen Anbieter und Nachfrager nicht auf die Phase oder den Akt der Transaktion beschränkt. Sie bilden weitere Kontakte bzw. Kontaktpunkte und verstärken somit die Kundenbeziehung. Diese wird dadurch verlängert und/oder intensiviert.

Um Zufriedenheit erzeugen zu können werden Serviceleistungen beispielsweise eingesetzt um Angebote sicherer, schneller und begreifbarer zu machen. Ebenso werden sie eingesetzt um Informationen zu bieten sowie die Individualität und Kundennähe zu erhöhen.

Durch den Einsatz von Serviceleistungen können auch Wechselbarrieren aufgebaut werden. Diese können es dem Kunden aus finanziellen, sozialen oder situativen Überlegungen schwierig machen, den Anbieter zu wechseln. In der Regel ist es vorteilhafter, Kunden durch geeignete Leistungs- und Mehrwertstrategien zu überzeugen. Diese Strategien unterstützen das Unternehmen den Kunden über die daraus resultierende Kundenzufriedenheit an die Leistung bzw. an das Unternehmen zu binden. Diese Vorgehensweise macht es für den Mitbewerber schwierig, die gefestigte Kundenbindung aufzubrechen (vgl. *Meyer / Blümelhuber* 2000, S.278f.).

Die Wirkung von Services bei der Kundenbindung ergibt sich aus der positiven Abhebung vom Wettbewerb. Diese Abhebung kann erzielt werden, wenn die Zusatzleistungen Relevanz für die Kundenzufriedenheit besitzen (vgl. *Diller et al.* 2005, S.257).

Um den Kunden professionelles Service und Lösungen anbieten zu können, muss sich die gesamte Verkaufsmannschaft mit dem Gedanken des Lösungsanbieters identifizieren. Dabei reicht es nicht aus zu verstehen, was das Unternehmen mit dem Lösungsansatz bewirken will. Wichtiger ist, dass ein Dienstleistungsgedanke bei den Mitarbeitern geschaffen wird. Dieser unterstützt den Verkäufer das Kundenproblem zu verstehen, die notwendige Beratungsleistung zu erbringen und eine optimale Lösung in Form eines Produktes oder einer Dienstleistung für den Kunden zu finden (vgl. *Reichardt / Grasser* 2000, S. 810).

Der Verkäufer muss in den einzelnen Kontakten mit dem Kunden dessen Erwartungen übertreffen. Dies führt zu einer langfristigen Bindung des Kunden an das Unternehmen (vgl. *Belz* 1999, S. 202).

Die Marktforschung bestätigt, dass die Pareto-Regel im Verkauf Relevanz hat. Diese sagt aus, dass Unternehmen und Verkäufer 80 % ihres Umsatzes durch 20 % ihrer Kunden generieren. Daher ist die Bindung dieses Kreises wesentlich rentabler als die Neukundenakquisition. Durchschnittlich kostet die Neukundengewinnung sechsmal mehr als das Verkaufen an einen bestehenden Kunden (vgl. *Bruns* 2005, S.2).

Unternehmen mit einem festen Kundenstamm können höhere Preise für Ihre Dienstleistungen verlangen. Kunden sind bereit für eine Dienstleistung ihres Vertrauens, einen höheren Preis zu zahlen. Ein Unternehmen mit loyalen Kunden kann einen Preiszuschlag für das Vertrauen fordern, das es sich bei den Kunden durch gute Leistungen erarbeitet hat (vgl. *Reichheld / Sasser* 2000, S. 142).

Ein positiver Effekt loyaler Kunden ist deren positive Mund-zu-Mund-Kommunikation. Im Fortschritt der Geschäftsbeziehung werden Weiterempfehlungen ausgesprochen. Diese tragen dazu bei, dass neue Kunden Vertrauen gewinnen und die Leistungen des Unternehmens in Anspruch nehmen (vgl. *Reichheld / Sasser* 2000, S. 142).

Auf Grund der steigenden Wettbewerbsintensität in vielen Dienstleistungsbranchen wird die Fokussierung auf den bestehenden Kundenstamm weiter an Bedeutung gewinnen. Die Neukundenakquisition ist in der Regel mit hohen Kosten verbunden. Die Deckungsbeiträge bei Geschäften mit Neukunden fallen geringer aus als bei Dienstleistungen, die für bereits bestehende Kunden erstellt werden. Ein proaktives Kundenbindungsmanagement führt zu einer erhöhten Kauffrequenz sowie zu Erfolgsbeiträgen durch Weiterempfehlungen zufriedener Kunden (vgl. Meffert / Bruhn 2006, S. 853).

4.5. Kundenwert

Der Kundenwert stellt die zentrale Zielgröße des Kundenmanagements dar. Dieser umfasst sowohl umsatzbezogene als auch andere Wertkomponenten wie die zukünftig zu erwartenden Umsätze oder Umsätze aus Weiterempfehlungen des Kunden (vgl. *Diller et al.* 2005, S. 31).

Der Kundenwert setzt sich aus den Nutzenbeiträgen zusammen, die der Kunde dem Angebot des Anbieters zurechnet. Daher ist er dem monetär bewerteten Kundennutzen gleich zu setzen (vgl. *Winkelmann* 2008a, S. 327).

Lauer / Geml (vgl. 2000, S. 124) sehen den Kundenwert als strategisch wichtigen Faktor, von welchem der dauerhafte Unternehmenserfolg wesentlich abhängt.

Der Kundenwert besteht aus einer Wert- und einer Zeitdimension. Die Wertdimension spiegelt die für den Anbieter nutzenstiftenden Beiträge der Kundenbeziehung wider. Die Zeitdimension berücksichtigt die Dauer der Kundenbeziehung. Aus Sicht des Kundenmanagements sind als vergangenheitsorientierte Elemente der Wertdimension die Akquisitionskosten und die bisherige Profitabilität zu betrachten. Die zukunftsorientierte Komponente stellt das Kundenpotenzial dar. Bei der Zeitdimension werden die drei Komponenten bisherige Lebensdauer, Restlebensdauer und Gesamtlebensdauer differenziert (vgl. *Georgi et al.* 2008, S. 716-718).

Das Schlagwort Kundenwert vertritt die These, dass sich Kunden für ein Angebot entscheiden werden, das ihnen einen maximalen oder zufrieden stellenden Wert verspricht und liefert. Der Kundenwert resultiert aus einem subjektiven Abgleich zwischen allen monetären und nicht-monetären Aufwendungen und allen Nutzen, die für den Nachfrager relevant und bewertbar sind. In diesem Zusammenhang kann von Value-Added-Services gesprochen werden, wenn auf Grund der Einbeziehung des Zusatzobjektes der Gesamtwert des Angebotes erhöht wird. Dies impliziert, dass der Kunde einen Wertgewinn wahrnimmt oder erkennt. Beispielsweise kann die Wertsteigerung gelingen, wenn der subjektive Nutzenzuwachs höher als die Aufwands- und/oder Preissteigerungen sind/ist. Ebenso kann die Wertsteigerung gelingen, wenn eine Preissteigerung mit einer Senkung des nicht-monetären Aufwands einhergeht (vgl. *Meyer / Blümelhuber* 2000, S. 284f.).

Die einschlägige Literatur bestätigt, dass auf Grund der hohen Ansprüche von Kunden an die Dienstleistungsqualität, hoher Markttransparenz und vielfacher Angebotsalternativen Unzufriedenheiten drohen. Diese können in weiterer Folge durch Abwanderung zum Verlust des Kundenwerts führen (vgl. *Pepels* 2006, S. 26).

Für das Unternehmen und die Verkäufer ist es von hoher Bedeutung Wettbewerbsvorteile zu schaffen. Diese sollen insbesondere über konkrete Zusatzvorteile, „Added-Values" und allgemeine Serviceleistungen geschaffen werden mit dem Ziel potenzielle Kunden zu einem Wechsel des Dienstleistungsanbieters zu reizen (vgl. *Dannenberg* 2002, S. 42).

Kundenorientierte Aktivitäten sind so zu gestalten, dass deren Wirkungen beim Kunden zu einer Steigerung des anbieterseitigen Kundenwerts führen (vgl. *Bruhn* 2007a, S. 242f.).

4.6. *Churn Management*

Unter Churn Management versteht man die proaktive Verhinderung von Kundenverlusten. Grundvoraussetzung hierfür ist die gute Kenntnis seiner Kunden (vgl. *Winkelmann* 2008a, S. 360).

Ziel des Churn Managements ist die Minimierung von Kundenabwanderung. Um der Abwanderung präventiv entgegen wirken zu können, ist es notwendig, abwanderungsgefährdete Kunden frühzeitig zu erkennen und anschließend geeignete Maßnahmen durchzuführen (vgl. *Türling* 2000, S. 150).

Durch Churn-Analysen werden Kunden hinsichtlich ihrer Abwanderungsneigung analysiert. Abwanderungsgefährdete Kunden werden rechtzeitig durch entsprechende Vertriebsmaßnahmen vom drohenden Wechsel zu einem Konkurrenten abgehalten (vgl. *Hettich* et al. 2001, S. 187).

Abwanderungen von Kunden sind die natürliche Gegenbewegung zu der Akquisition von Neukunden. Im Sinne des Kundenbindungsmanagements versucht ein Unternehmen die Churn-Rate zu minimieren. Unter einer Churn-Rate versteht man den

Anteil abwandernder Kunden am gesamten Kundenstamm pro Periode (vgl. *Diller et al.* 2005, S. 268f.).

Eine Kundenbeziehung ist gefährdet, wenn sich der Kunde auf Grund von bestimmten Ereignissen schon einmal Gedanken über eine eventuelle Beziehungsbeendigung gemacht hat. Dabei nimmt der Grad der Kundenbeziehung ab. Dies ist beispielsweise an einer sinkenden Verbundenheit oder einer negativen Mund-zu-Mund-Kommunikation erkennbar. Die Folge dieser Auseinandersetzung sind aktive Handlungen des Kunden. Vor diesem Hintergrund bezieht sich das Kundenbindungsziel auf zwei unterschiedliche Zielgruppen. Die intakten Kundenbeziehungen auf der einen Seite und die gefährdeten bzw. abwandernden Kunden auf der anderen (vgl. *Michalski / Bruhn* 2003, S. 247).

Eine nicht zu unterschätzende Herausforderung für Dienstleistungsunternehmen ist das gestiegene Selbstbewusstsein der Verbraucher. Der Dienstleistungskunde neigt dazu, negative Erlebnisse mit dem Dienstleistungsanbieter an andere Kunden weiterzuerzählen. Dies kann zu einem Imageverlust und Schaden des Unternehmens führen (vgl. *Tomczak et al.* 2000, S. 417).

4.6.1. Maßnahmen vor der Abwanderung

Für ein Unternehmen erweist sich die Identifikation von gefährdeten bzw. abwandernden Kunden als unterschiedlich schwierig. Diese ist abhängig von der Dialogbereitschaft des Kunden. Bei Kunden, die auf Grund bestimmter Ereignisse und Unzufriedenheit androhen, die Beziehung in Kürze zu beenden, ist die Identifikation unmittelbar möglich. Ebenso leicht ist es Beschwerdeführer in die Kategorie „abwanderungsgefährdeter Kunde" einzuordnen. In der Regel geht der expliziten Kündigung ein langer Entscheidungsprozess voraus. In diesem lassen lediglich bestimmte Verhaltensmuster darauf schließen, dass der Kunde in Zukunft die Beziehung beenden will. Im Wesentlichen geht es bei der Identifikation gefährdeter Kunden um den Aufbau eines Frühwarnsystems im Unternehmen. Dieses soll drohende Kundenabwanderungen individuell anzeigen. In diesem Zusammenhang sind zwei Aufgaben zu unterscheiden: Die Ermittlung der relevanten Frühwarnindikatoren und der Aufbau des eigentlichen Frühwarnsystems (vgl. *Michalski / Bruhn* 2003, S. 253).

Die Basis für die Identifikation von Frühwarnsystemen bilden Indikatormodelle. Die erste Maßnahme des Unternehmens ist es unternehmensspezifisch zu klären, welche Faktoren eine drohende Kundenabwanderung anzeigen. Beispiele für Frühwarnindikatoren sind die Kunden(un)zufriedenheit, Emotionen, Beschwerden und andere Dialogformen sowie die Kündigungsvorbereitung.

Die Kundenzufriedenheit ist als alleiniges Merkmal kein ausreichendes Frühwarnsignal einer drohenden Abwanderung. Sie kann allerdings als Ausdruck dafür gewertet werden, dass sich ein Kunde in einem Abwanderungsprozess befindet. Es ist im Umkehrschluss nicht davon auszugehen, dass zufriedene Kunden sich nicht mit der Abwanderung beschäftigen. Es können auch sehr zufriedene Kunden mit dem Gedanken spielen, die Beziehung zu einem bestimmten Anbieter zu beenden. Neben unternehmensbezogenen Abwanderungsgründen können auch rein persönliche Gründe wie beispielsweise der Wunsch nach Abwechslung zu Kundenabwanderungen führen.

Negative Emotionen wie Wut, Ärger und Gereiztheit gehen häufig mit Kundenabwanderungsprozessen einher. Daran können die Verkäufer, die in derartige Konfliktsituationen involviert sind, erkennen, ob eine Kundenabwanderung droht. Es ist denkbar, dass innerhalb der Kundenbeziehung auftretende Verärgerungen für das Kundenverhalten und die Wechselabsicht bedeutsamer sind als die globale (Un-)Zufriedenheit des Kunden.

Im Prozessverlauf auftretende Beschwerden stellen ein weiteres Merkmal von Abwanderungsprozessen dar. Zusätzlich wenden Kunden alternative Dialogformen an, um auf ein Problem aufmerksam zu machen. Hierbei reicht das Spektrum von einer einmaligen Beschwerde über Gespräche mit dem Verkäufer bis hin zu ausführlichen Krisengesprächen.

Ein weiterer Indikator ist die Kündigungsvorbereitung. Für Unternehmen sind vorbereitende Handlungen erforderlich, anhand derer zu erkennen ist, dass ein Kunde in Kürze abwandern wird (vgl. *Michalski / Bruhn* 2003, S. 53f.)

Nach dem Ermitteln der relevanten Frühwarnindikatoren, kann das Unternehmen mit dem Aufbau des Frühwarnsystems beginnen. Hierbei reicht das Spektrum von den traditionellen statistischen Verfahren über die regelbasierten Systeme bis hin zu Verfahren des Data Mining (vgl. Michalski / Bruhn 2003, S. 254).

Eine weitere Aufgabe des Kundenmanagements ist die detaillierte Beschreibung der identifizierten Zielgruppe abwandernder Kunden. Diese beinhaltet die Analyse der Kundenprofitabilität. Sie dient der Entscheidung, ob die Kundenabwanderung verhindert werden soll. Damit das Unternehmen gezielte Maßnahmen ableiten kann, ist es erforderlich, die konkreten Gründe des jeweiligen Kundenabwanderungsprozesses zu unterscheiden. Hierbei lassen sich unternehmens-, wettbewerbs- und kundeninduzierte Gründe unterscheiden.

Bei unternehmensinduzierten Gründen wird der Gedanke zur Beziehungsbeendigung auf Grund von Fehlleistungen des Unternehmens gefestigt. Beispiele hierfür sind die Unfreundlichkeit und die falsche Ausführung von Aufträgen.

Im Fall von wettbewerbsinduzierten Gründen geht die drohende Abwanderung auf ein direktes Angebot eines Wettbewerbers zurück. Ein Beispiel hierfür ist ein besseres Preisangebot eines anderen Dienstleistungsanbieters.

Bei kundeninduzierten Gründen basiert die Abwanderung aus persönlichen Gründen bzw. aus Veränderungen im Umfeld des Kunden. Ein Beispiel hierfür ist ein neuer Firmensitz (vgl. *Michalski / Bruhn* 2003, S. 255f.).

Bei wettbewerbsinduzierten Gründen stehen dem Unternehmen zwei Anspracheoptionen zur Verfügung. Diese bilden die Überzeugung des Kunden sowie die Stimulierung des Kunden.

Bei der Überzeugung des Kunden geht es v. a. darum, den Kunden von der Vorteilhaftigkeit des eigenen Angebots zu überzeugen. Möglichkeiten hierfür sind die Schaffung eines Mehrwerts bzw. die Verdeutlichung der Vorteilhaftigkeit des eigenen Angebots gegenüber dem Wettbewerbsangebot. Das Unternehmen hat bei mehrwertbezogenen Maßnahmen die Folgekosten zu berücksichtigen. Es ist besonders wichtig, dass vor Durchführung der Maßnahmen geprüft wird, ob eine Bindung der entsprechenden Kunden rentabel ist.

Um den Kunden zu stimulieren, kann das Unternehmen attraktive Angebote machen. Das Ziel ist es, den Kunden zu einer sofortigen Verstärkung der Beziehung zu bewegen. Beispielsweise kann ein leistungsbezogenes Angebot in der Offerierung spezieller Services bestehen. Der Verkäufer hat hierbei die Aufgabe, dem Kunden das individuelle Kundenbindungsangebot mitzuteilen (vgl. *Michalski / Bruhn* 2003, S. 257f.).

Beschwerdestimulierung ist als Einrichtung und Arbeitsweise zu verstehen, die es den Hilfe suchenden Kunden besonders leicht machen, ihre Beschwerde zu kommunizieren. Beispiele hierfür sind eine an 365 Tagen im Jahr rund um die Uhr zu erreichende kostenlose Hotline, kompetente und verantwortliche Mitarbeiter sowie Broschüren und Informationsmittel (vgl. *Chojnacki* 2002, S. 464).

Beschwerdestimulierung bedeutet ebenso, dass entsprechende Ressourcen bereitgestellt werden, damit der Kunde in für ihn angemessener Zeit seinen Ansprechpartner findet. Sie beginnt mit der Kommunikation des Unternehmens über die Bedeutung der Kunden- und Serviceorientierung und den Stellenwert, den das Unternehmen der Kunden- und Serviceorientierung zubilligt (vgl. *Chojnacki* 2002, S. 465).

4.6.2. Maßnahmen während der Abwanderung

Im Anschluss an die Analyse der Gründe erfolgt die Ansprache der gefährdeten Kunden. Die Ansprache wird auf die konkreten Gründe der drohenden Beziehungsbeendigung ausgerichtet. Für Kunden, die auf Grund von unternehmensinduzierten Gründen Abwanderungsgedanken hegen, sind zwei Ansprachoptionen zu unterscheiden. Einerseits die Fehlerkorrektur und andererseits die Wiedergutmachung.

Bei der Fehlerkorrektur wird die Basis für eine Rückführung der Kundenbeziehung an das alte Niveau durch eine Korrektur der vom Unternehmen oder seinen Verkäufern begangenen Fehler erreicht.

Im Fall der Wiedergutmachung ist es erforderlich, dem Kunden zu dokumentieren, dass sich das Unternehmen des Fehlers bewusst ist. Durch entsprechende Kompensationen will das Unternehmen den Fehler wiedergutmachen. Die Wiedergutmachungsmaßnahme des Verkäufers ist in Form einer Entschuldigung durchführbar. Die Entschuldigung wird den Kunden nur dann von der Abwanderung abhalten, wenn sich auch am eigentlichen Problem etwas ändert (vgl. *Michalski / Bruhn* 2003, S. 256f.).

Den Schlüssel zum Erfolg bildet die Beschwerdeannahme. Eine gute Annahme kann den gesamten folgenden Prozess positiv gestalten. Die erfolgreiche Beschwerdeannahme beginnt mit der Ansprache des Kunden. Danach folgt die Aufnahme der Kundendaten. Für den Verkäufer ist es hierbei wichtig den Kunden mit Namen anzusprechen, mittels Fragen herauszufinden ob das Problem richtig verstanden wurde und dem Kunden ein kurzes Feedback zu geben. Den letzten Prozessschritt bildet die Bestätigung für den Kunden, dass seine Beschwerde an der richtigen Stelle platziert wurde und eine Lösung erarbeitet wird (vgl. *Chojnacki* 2002, S. 465).

In der Phase der Beschwerdebearbeitung spielt der Zeitfaktor aus Kundensicht eine große Rolle. Je nach Kommunikationsinstrument (Brief, Fax, Telefon, Internet) erwartet der Kunde eine Antwort innerhalb von zwei bis 48 Stunden (vgl. *Chojnacki* 2002, S. 466f.).

Der Verkäufer hat eine zentrale Bedeutung für die Verwirklichung eines aktiven Beschwerdemanagements. Auf Grund des unmittelbaren Kontakts zum sich beschwerenden Kunden hat der Verkäufer die erste Chance, die Unzufriedenheit abzubauen. In vielen Fällen können die Verkäufer sofort eine Problemlösung herbeiführen und somit für eine schnelle und kostengünstige Abwicklung sorgen. Besonders wichtig ist die Funktion des Verkäufers bei der Aufnahme von Informationen, welche nicht zum Gegenstand schriftlicher Beschwerden gemacht werden (vgl. *Stauss / Seidel* 2007, S. 486f.).

4.6.3. Maßnahmen nach der Abwanderung

Nur wenige unzufriedene Kunden beschweren sich. Der Rest wechselt zum Mitbewerb. Gründe für die Abwanderung stellen sich wie folgt dar:

- 1 % stirbt
- 3 % ziehen weg
- 5 % ändern ihre Kaufgewohnheiten
- 9 % aus Preisgründen
- 14 % wegen schlechter Produktqualität
- 68 % wegen mangelnder Servicequalitäten (vgl. *Eggert* 2001, S. 198).

Es ist fest zu halten, dass zwei Drittel aller Kunden das Unternehmen wechseln, weil sie mit dem Service unzufrieden sind. Auf Grund eines nicht gefälligen Angebots wechseln ca. 14 % der Kunden das Unternehmen (vgl. *Bruns* 2005, S. 9).

Zahlreiche wissenschaftliche Studien belegen, dass schlechter Service der häufigste Anlass ist, den Kunden für einen Anbieterwechsel angeben (vgl. *Grubbs / Reidenbach* 1995, S. 22).

Für die Rückgewinnung der Kunden gilt es Anreize zu schaffen. Es können folgende Formen von finanziellen und immateriellen Anreizen unterschieden werden. Die finanziellen Anreize können direkt monetär wie beispielsweise ein Preisnachlass oder indirekt monetär wie z. B. zusätzliche kostenlose Serviceleistungen sein. Immaterielle Anreize können leistungs- oder kommunikationsbezogen sein. Leistungsbezogene Anreize stellen geänderte, für das Unternehmen kostenneutrale Leistungen wie beispielsweise die Umstellung des Vertrags dar. Kommunikationsbezogene Anreize sind beispielsweise Entschuldigung, zusätzliche Informationen und Nutzenargumentationen. Die einzelnen Anreize sollten kombiniert eingesetzt werden. Ein Rückgewinnungsversuch sollte außerdem mit einer Entschuldigung von Seiten des Unternehmens verbunden sein (vgl. *Sauerbrey* 2000, S. 11).

4.7. CRM *(Customer Relationship-Management)*

Der CRM-Begriff steht für die Entwicklung zum methoden-, computergestütztem und integriertem Kundenmanagement. Die Integration bildet hierbei das Schlüsselwort (vgl. *Winkelmann* 2008b, S. 230).

Customer Relationship-Management stellt den einzelnen Kunden in den Mittelpunkt der Unternehmenshaltung und -handlungen. Das Ziel lautet die Umsätze und Gewinne durch Kundenbindung und -gewinnung zu halten bzw. auszubauen. CRM umfasst die vollständige Interaktion eines Unternehmens mit Ist- und Soll-Kunden während des gesamten Entscheidungs- und Betreuungszyklus. Für den Erfolg entscheidend sind eine entsprechende Unternehmenskultur und das Umdenken in den Köpfen der Führung und aller Mitarbeiter, die mit ihren Handlungen die Serviceorientierung am eindrucksvollsten unter Beweis stellen können (vgl. *Pepels* 2002a, S. 14f.).

Unternehmen fokussieren auf die Steigerung des Gewinns und des Umsatzes unter Beibehaltung der Kosten. Diesen Balanceakt unterstützt CRM und erhöht die Effizienz. Auf Grund eines besseren Verhältnisses zum Kunden wird mit weniger Aufwand mehr Umsatz erzielt (vgl. *Capgemini* 2008, S. 5).

CRM beinhaltet als umfassende Lösung eine konsequente Kundenorientierungsphilosophie und eine prozessoptimierte Integration aller Kundenvorgänge auf Basis von definierten Verkaufsprozessen. Neben der Prozessintegration bildet die Kontakt- und Verkaufskanalintegration ein weiteres entscheidendes Element. Datenbanken und CRM-Software haben hierbei eine Unterstützungsfunktion. Das Ziel lautet, nachweisbare Wertsteigerungen in Kunden-, Lieferantenbeziehungen zu erreichen und tiefgehendes Wissen über Kundenwünsche und Kundenverhalten zu erhalten. CRM-Systeme ermöglichen den Menschen und Organisationen ein lebenslanges Lernen bzw. kontinuierliche Verbesserungsprozesse (vgl. *Winkelmann* 2008b).

5. Einkaufs- und Verkaufsprozess

5.1. Der Einkaufsprozess

Abbildung 3: Die Phasen des Einkaufsprozesses

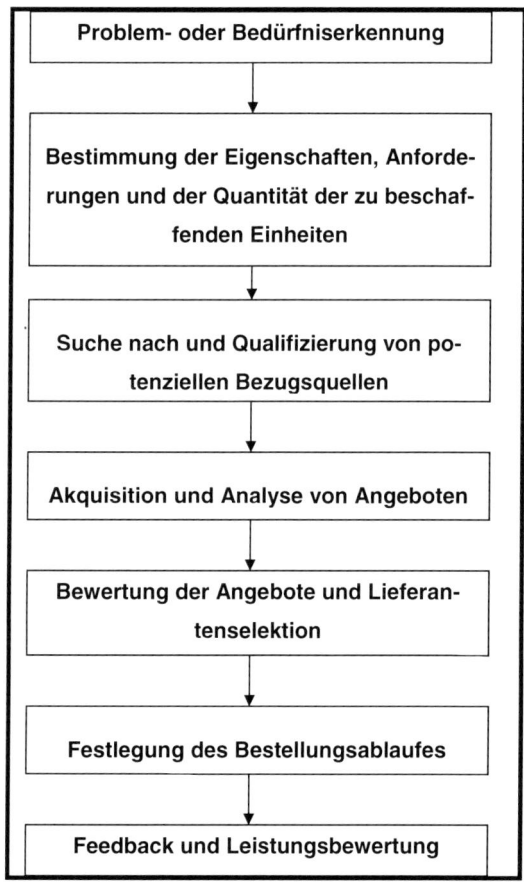

Quelle: in Anlehnung an *Jobber / Lancaster* 2006, S.93

Organisationale Kaufentscheidungsprozesse können unterschiedlich lang – von wenigen Wochen bis zu mehreren Jahren – sein. Dies ist abhängig von der Komplexität der zu beschaffenden Dienstleistung und deren Neuartigkeit für die nachfragende Organisation (vgl. *Kuß / Tomczak* 2007, S. 258).

Beispiele für organisationales Kaufverhalten sind:

- Der industrielle Einkauf von Gütern, Dienstleistungen, Lizenzen, etc.,
- die Beschaffungen, die durch staatliche Institutionen (z. B. Bundeswehr, Universitäten) erfolgen,
- der Einkauf von Verbänden, Vereinen, etc. (vgl. *Kuß / Tomczak* 2007, S. 249).

Bei der Betrachtung des Erbringungszeitpunkts von begleitenden Dienstleistungen, können diese vor, mit oder nach dem Kauf der Hauptleistung angeboten werden. Bei Dienstleistungen, die vor oder während dem Kaufentscheidungsprozess bezogen werden, steht die Vertrauensbildung des Nachfragers gegenüber dem Anbieter im Vordergrund. Dienstleistungen, die in der Nachkaufphase angeboten werden, dienen der Vertrauenssicherung und dem Aufbau von Kundenbindung (vgl. *Backhaus / Voeth* 2007, S. 261).

Der Einkaufsprozess besteht aus sieben Phasen (vgl. Abb. 3) (vgl. *Jobber / Lancaster* 2006, S.93)

5.1.1. Problem- oder Bedürfniserkennung

Probleme und Bedürfnisse können in Unternehmen durch interne und externe Faktoren erkannt werden. Die interne Erkenntnis kann zu aktiven und passiven Handlungen führen. Bei internen passiven Handlungen hat der Verkäufer die Chance den Kunden von der Problemlösung zu überzeugen und ihn somit zu einer aktiven Handlung zu bewegen (vgl. *Jobber / Lancaster* 2006, S. 94).

Der Impuls für eine neue Beschaffung kann aus verschiedenen Gründen erfolgen. Beispiele hierfür sind der Zwang zur Neubeschaffung, weil die alten Anlagen dringend ausgetauscht werden müssen, die Kostensenkungswirkung neuer Anlagen, der Einsatz neuer Technologien des Mitbewerbs sowie die Kommunikation durch Anbieter auf Messen oder durch den persönlichen Verkauf (vgl. *Godefroid* 2002, S. 793).

Kunden entscheiden zu 93 % emotional und zu 7 % rational. Selbst bei B2B-Kunden (professionelle Einkäufer) ist das Motiv der Investition rational begründet, jedoch mehr oder weniger emotional bestimmt. Es ist die Aufgabe des Verkäufers herauszufinden, welches Bedürfnis es beim Kunden zu befriedigen gilt. Die angebotene Leistung hat daher den individuellen Wünschen, Anliegen und Vorliegen des Kunden zu entsprechen (vgl. *Bruns* 2005, S. 46f.).

5.1.2. Bestimmung der Eigenschaften, Anforderungen und der Quantität der zu beschaffenden Einheiten

In dieser Phase finden Einkäufer für das unklare Bedürfnis eine klare Lösung. Diese finden sie, indem sie ihre Optionen untersuchen und die Erfordernisse für eine Lösung feststellen. Diese Erfordernisse sind die Kaufkriterien (vgl. *Davis* 2000, S. 51).

Die einzelnen Buying-Center-Mitglieder erstellen eine detaillierte Anforderungsliste. Es ist wichtig, dass diese sowie die Menge, das Beschaffungsobjekt und der Lieferzeitpunkt intern kommuniziert werden (vgl. *Johnston / Marshall* 2008, S. 56).

Dienstleistungen verfügen auf Grund Ihrer Immaterialität nur über wenige Sucheigenschaften. Dies macht Dienstleistungen erst beurteilbar, wenn der Kauf bereits getätigt wurde. Bei der Informationsaufnahme wirkt sich dieser Umstand in zweifacher Hinsicht aus. Die Informationen können aus zwei unterschiedlichen Quellen stammen. Dies sind persönliche und unpersönliche Quellen.

Bei persönlichen Quellen verlässt sich der Nachfrager auf Informationen, Empfehlungen und Ratschläge aus seinem Umfeld.

Im Fall von unpersönlichen Quellen entnimmt er die wichtigsten Informationen aus Medien. Diese eignen sich zur Information über Sucheigenschaften. Im Gegensatz dazu liefern persönliche Quellen Informationen, die auf Erfahrung beruhen. Aus diesem Grund neigt der Dienstleistungskunde dazu, sich auf persönliche Quellen zu verlassen (vgl. *Haller* 2005, S. 25f.).

Die Dienstleistungseigenschaften führen zu einem hohen, subjektiv wahrgenommenen Kaufrisiko. Die Intangibilität bewirkt einen hohen Informationsbedarf und Erfahrungsaustausch mit anderen Nachfragern. Da Dienstleistungen nur begrenzt standardisierbar sind, kann die Dienstleistungserstellung sehr unterschiedlich sein. Einen zusätzlichen Risikofaktor stellt die fehlende Garantie bei Dienstleistungsangeboten dar (vgl. *Meffert / Bruhn* 2006, S. 122).

Für den Anbieter im B2B-Vertrieb bieten sich erhebliche Vorteile bei der Kundenansprache in dieser Phase, die noch relativ offenen Vorstellungen und Anforderungen des Kunden in Richtung Lösungsfelder zu beeinflussen, auf denen er über ein besonders leistungsfähiges Dienstleistungsangebot verfügt. Ebenso kann der Anbieter in einer frühen Phase einen Kundenbedarf erkennen und ggf. spezielle Dienstleistungen für diese Kundensituation entwickeln oder modifizieren (vgl. *Godefroid* 2002, S. 794).

Die Fähigkeit des Verkäufers den Kunden in dieser Phase zu überzeugen, kann dem anbietenden Unternehmen einen Vorteil für die weiteren Prozessschritte bringen. Gewissermaßen kann der Entscheidungsprozess auch schon hier zu Ende sein (vgl. *Jobber / Lancaster* 2006, S. 94).

5.1.3. Suche nach und Qualifizierung von potenziellen Bezugsquellen

In dieser Phase findet ein Vergleich von Attributen statt. Die Einkäufer grenzen den Kreis der Möglichkeiten ein und finden so ihre Präferenz. Bedeutende Entscheidungen können auf kleinen Unterschieden basieren. Diese Phase endet mit der Entscheidung für eine Präferenz (vgl. *Davis* 2000, S. 51f.).

B2B-Kunden führen in ihren Beschaffungs- oder Einkaufsabteilungen Lieferantenbewertungen durch. Diese zielen darauf ab u. a. Einkaufspreise der verschiedenen Anbieter und alle andere Kosten, die mit der Abwicklung mit dem jeweiligen Lieferanten entstehen, zu erfassen und zu vergleichen. Um dem Kunden genau das zu liefern, was dieser möchte, stellen sich die Anbieter den Lieferantenbewertungen, indem sie die Kriterien und die Bewertungsschemata der diversen Kunden in ihre Vertriebsaktivitäten integrieren. Dies impliziert, dass nicht mehr die reine Produkt- und Dienstleistungsvermarktung im Vordergrund steht. Vielmehr nimmt die Betrachtung der Wertschöpfung im Kundenunternehmen zu, da auch der Anbieter durch seine spezifischen Leistungspotenziale den Mehrwert erhöhen will (vgl. *Kortus-Schultes* 1999, S. 432).

Die Nachfrager präferieren glaubwürdige Informationsquellen, denen sie vertrauen können und auf Grund eigener Erfahrungen mit dem Kauf/Konsum von vergleichbaren Dienstleistungen hinreichendes Expertentum aufweisen (vgl. *Meffert / Bruhn* 2006, S. 121).

Aus Verkäufersicht kann hier ein Vorteil des Relationship-Selling zu tragen kommen und das Entfallen dieser Phase bewirken. Voraussetzung ist, dass der Einkäufer dem

Verkäufer vertraut und diesem die erste Möglichkeit zur Angebotslegung gibt (vgl. *Johnston / Marshall* 2008, S. 56).

5.1.4. Akquisition und Analyse von Angeboten

Nachdem die potenziellen Lieferanten identifiziert wurden, holt der Einkäufer die Angebote von diesen ein. Die Dauer dieses Prozesses ist abhängig von dem Beschaffungsobjekt. Bei standardisierten oder technisch einfachen Produkten wird der Einkäufer Prospektmaterial verlangen oder einige Telefonate führen. Bei komplizierten und teuren Produkten oder Dienstleistungen verlangt der Kunde Verkaufspräsentationen und schriftliche Kostenvoranschläge von den Verkäufern (vgl. *Johnston / Marshall* 2008, S. 57).

Die Lieferanten werden auf Grund ihres guten Images und Expertenwissens ausgewählt. Die Angebote werden eingeholt und vom Einkäufer analysiert (vgl. *Jobber / Lancaster* 2006, S. 94).

5.1.5. Bewertung der Angebote und Lieferantenselektion

Jedes Angebot wird nach zuvor festgelegten Kaufkriterien bewertet. Es ist festzuhalten, dass die verschiedenen Buying-Center-Mitglieder ihr Urteil nach unterschiedlichen Kriterien treffen. Obwohl dies zu Problemen führen kann, ist das Ergebnis dieser Phase die Selektion des Anbieters bzw. der Anbieter (vgl. *Jobber / Lancaster* 2006, S. 95).

Unternehmen kaufen um Verbesserungen zu erzielen. Dabei wollen sie bestimmte Ziele erreichen. Dazu zählen die Verbesserung der Effizienz, die Senkung der Kosten, die Erhöhung des Gewinns und das Erlangen von Wettbewerbsvorteilen (vgl. *Davis* 2000, S. 55).

Die Definition von Unternehmenszielen findet durch Menschen statt. Die Kaufentscheidungen werden von Personen getroffen, die individuelle emotionale Bedürfnisse haben. Obwohl die Einkäufer daran interessiert sind, die Unternehmensziele zu erreichen, leitet sich ihre Kaufmotivation von ihren persönlichen und sozialen Zielen ab. Diese sind von dem bewussten oder unbewussten Wunsch nach der eigenen Statusverbesserung innerhalb der Organisation geprägt (vgl. *Davis* 2000, S. 56).

5.1.6. Festlegung des Bestellungsablaufes

In dieser Phase werden die Zahlungs- und Lieferkonditionen beschlossen. Üblicherweise wird dies von einem leitenden Angestellten der Einkaufsabteilung durchgeführt (vgl. *Jobber / Lancaster* 2006, S. 95).

Bis die gekaufte Leistung geliefert ist, stiftet sie dem einkaufenden Unternehmen keinen Nutzen. Daher versucht die Einkaufsabteilung nach Auftragserteilung die Lieferung des Produkts mit dem Bedarfszeitpunkt abzustimmen. Bei Erhalt des Produkts finden einige interne Aktivitäten statt. Die gekaufte Leistung muss entgegen genommen, geprüft, bezahlt und in die interne Datenbank aufgenommen werden (vgl. *Johnston / Marshall* 2008, S. 57f.).

5.1.7. Feedback und Leistungsbewertung

Nachdem das Produkt geliefert wurde, beginnt die Bewertung durch den Kunden. Dabei werden das Produkt und die Leistung des Lieferanten beurteilt. In dieser Phase ist die Betreuung des Verkäufers besonders wichtig. Das Produkt wird überprüft um sicher zu stellen, dass die Anforderungen, welche im Kaufvertrag schriftlich festgehalten wurden, die Erwartungen erfüllen. Die Leistung des Lieferanten wird nach Kriterien wie Schnelligkeit der Lieferung, Produktqualität und After-Sale-Service bewertet (vgl. *Johnston / Marshall* 2008, S. 58).

Die Nach-Konsumphase ist im Dienstleistungsbereich von sehr hoher Bedeutung. Eine Ursache für diesen Fakt ist, dass der Kauf von Dienstleistungen als sehr risikoreich empfunden wird. Weitere Ursachen sind das Nichtvorhandensein von Garantien und dass die Eigenschaften erst nach dem Vertragsabschluss beurteilt werden können. Hierzu kommen Wechselbarrieren ökonomischer und psychologischer Art, die einen Nachfrager davon abhalten, zu einem anderen Dienstleistungsanbieter zu wechseln. In dieser Phase können Erfahrungseigenschaften beurteilt werden. Ebenso bilden sich Einstellungen gegenüber dem Dienstleistungsanbieter, die mit der Zeit vertieft werden können (vgl. *Haller* 2005, S. 28).

Nach jeder Kaufentscheidung setzt meist ein intensiver Bewertungsprozess ein. Bei Käufen, bei welchen ein Kunde ein finanzielles oder soziales Risiko wahrnimmt, entsteht nach dem Kauf oftmals Unsicherheit darüber, ob die richtige Entscheidung getroffen wurde. Die Kunden suchen gezielt nach weiteren Informationen, um eine Bestätigung für ihre Entscheidung zu erhalten. Das Anbieterunternehmen muss mit dieser kognitiven Dissonanz sehr sensibel umgehen. Wenn es dem Unternehmen gelingt durch geeignete Maßnahmen beim Dissonanzabbau zu helfen, ergibt sich für sie die Chance, eine langfristige Kundenbindung aufzubauen (vgl. *Schmengler* 1999, S. 549).

5.2. *Verkaufsprozess*

Der Verkaufsprozess dient der langfristigen Kundenbearbeitung durch das Unternehmen. Dabei gestaltet das Unternehmen die Interaktion von Verkäufern und Kunden. Es werden verschiedene Instrumente des Verkaufs wie beispielsweise Beratungen genutzt. Im Zuge des Verkaufsprozesses verbindet das Unternehmen den Verkauf mit den übrigen Marketinginstrumenten. Der Verkaufsprozess geht über die Begegnung von Verkäufer und Kunde hinaus (vgl. *Belz* 1999, S. 171).

Während des Verkaufsprozesses begleitet ein Unternehmen seine Kunden in sämtlichen wichtigen Phasen. In diesen Phasen setzt sich der Kunde mit dem Anbieter und seinen Leistungen auseinander und nutzt diese (vgl. *Belz* 1999, S. 197).

In den einzelnen Verkaufsprozessphasen werden spezielle Anforderungen an die Kompetenzen der Verkäufer gestellt. Für den erfolgreichen Ablauf der einzelnen Prozesse ist es wichtig, dass den Verkäufern die Anforderungen bekannt sind (vgl. *Dannenberg / Zupancic* 2008, S. 11).

Beim Verkaufen müssen zwei Parteien – ein Käufer und ein Verkäufer – zu einer Übereinkunft kommen. Ohne diese Übereinkunft kommt kein Geschäft zustande. Dies hat zur Folge, dass jede Verkaufssituation gegenseitige Abhängigkeit beinhaltet. Beide Parteien müssen langfristig auf dieser gegenseitigen Abhängigkeit Ihre Beziehung aufbauen (vgl. *Miller / Heiman* 1991, S. 156).

Der Verkaufsprozess besteht aus den drei Hauptprozessen Kundenannäherung, Kundengewinnung und Kundenpflege (vgl. Abb. 4) (vgl. *Diller et al.* 2005, S. 43).

Abbildung 4: Der Verkaufsprozess

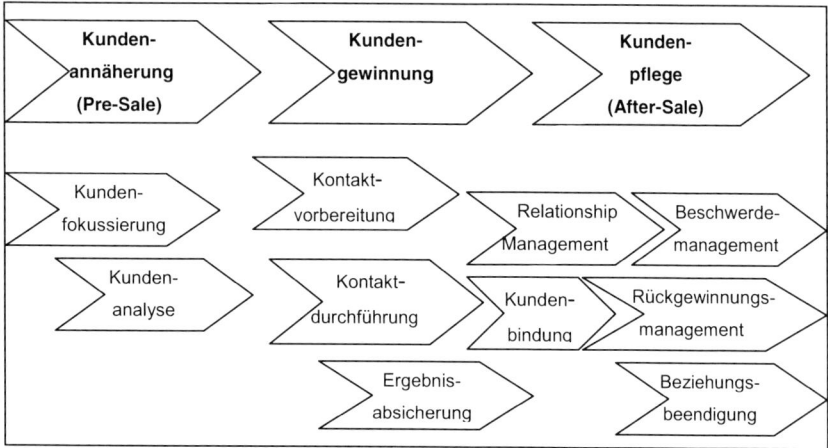

Quelle: in Anlehnung an Diller et al. 2005, S. 44

5.2.1. Kundenannäherung

Die Kundenannäherung inkludiert alle Aktivitäten bis zur Aufnahme des unmittelbaren Kontaktes mit dem Kunden. Dazu zählen die Vorbereitung des Kundenkontaktes von der Auffindung potenzieller Kunden bis hin zur gezielten Vorbereitung des Verlaufs eines Gespräches (vgl. Diller et al. 2005, S. 43).

In der Kundenannäherungsphase besteht bei Dienstleistungen das Produkt nur aus einem Leistungsversprechen (vgl. Harms 2002, S. 427).

Die Kundenannäherung besteht aus den zwei Teilprozessen Kundenfokussierung und Kundenanalyse (vgl. Diller et al. 2005, S. 147).

5.2.1.1. Lead-Management

In diesem Teilprozess geht es um das Aufspüren potenzieller, wichtiger Käufer. Diese werden als Leads bezeichnet, da sie zum Status des Kunden hingeführt und zukünftig auch in Kundenbindungsprogramme eingebunden werden sollen. Der Output der Kundenfokussierung ist eine Liste potenzieller Kunden. In der Liste werden Institutionen angeführt, welche als Nachfrager der Unternehmensleistungen in Frage kommen. Die Institutionen haben einen entsprechenden Bedarf bzw. zumindest latente Bedürfnisse für die angebotenen Dienstleistungen des Unternehmens.

Zur Identifikation der Interessenten müssen Adressdaten generiert werden. Dabei sollen Kundenadressen generiert werden, welche gut mit dem Normprofil von definierten Abnehmern übereinstimmen. Das Normprofil muss bereits in der Dienstleistungskonzeption erarbeitet werden. Im B2B-Geschäft sind beispielsweise Dienstleistungsbedarfe für spezifische Kundengruppen als Merkmale für das Normprofil anzusehen.

Im Anschluss an die Lead-Identifikation werden die Daten in einem Datensatz dokumentiert. Dieser Datensatz umfasst die gesammelten Stammdaten und die Bedarfsdaten der potenziellen Kunden (vgl. *Diller et al.* 2005, S. 147-149).

Als Lead wird ein aussichtsreicher und daher verfolgungswürdiger Kontakt beschrieben. Für den Verkäufer bedeutet die Lead-Qualifizierung, aus der Fülle seiner möglichen Kontakte die Erfolg versprechenden herauszufiltern (vgl. *Winkelmann* 2008a, S. 312).

Der Verkäufer generiert seine Leads durch Listen und Verzeichnisse, persönliche Kontakte, Zeitungen und durch die telefonische Neukundenaufsuchung (vgl. *Donaldson* 2007, S. 68).

5.2.1.2. Kundenanalyse

Im Rahmen der Kundenannäherung handelt es sich bei der Kundenanalyse um einen analytischen Prozess. Dabei werden potenzielle Kunden mit dem Ziel einer Priorisierung und Klassifikation durchleuchtet und bewertet.

Als Input dienen die aus dem Kundenfokussierungsprozess stammende Interessentendatei sowie zusätzliche Informationen. Die zusätzlichen Informationen sind jene, welche unmittelbar oder mittelbar Aufschlüsse über das Absatzpotenzial beim jeweiligen Interessenten zulassen. Die Potenzialanalyse konzentriert sich auf das Beschaffungsvolumen des jeweiligen Leads. Weiters werden die Beschaffungsstrukturen und -prozesse sowie die individuellen Beschaffungspräferenzen der im Einkauf des Kunden tätigen Personen erfasst. Der Output der Kundenanalyse ist eine Rangliste prospektiver Kunden. Die verkäuferischen Ressourcen werden nach Rangposition eingesetzt.

Die Kundenanalyse hat vor allem in der Effizienzsteigerung der Verkaufsbemühungen hohe Bedeutung. Sie dient als Kompass für die Akquisitionsbemühungen des persönlichen Verkaufs (vgl. *Diller et al.* 2005, S. 157-159).

Unternehmen und deren Verkäufer müssen ihre Kunden gut kennen um diesen die richtigen Produkte und Dienstleistungen verkaufen zu können. Neben methodischem Vorgehen bilden genaue Analysen und empathisches Verhalten die wichtigen Voraussetzungen um Erfolg zu haben (vgl. www.business-wissen.de 2008).

5.2.2. Kundengewinnung

Die Kundengewinnung übernimmt die Ergebnisse der Kundenannäherung als Input. Ziel ist es Kundenaufträge als Prozessoutput zu erlangen (vgl. *Diller et al.* 2005, S. 43).

In der Kundengewinnungsphase gewöhnt sich der Kunde erst an die Leistungen des Unternehmens. Dies impliziert, dass er noch offen gegenüber dem Angebot anderer Unternehmen ist (vgl. *Georgi* 2000, S. 235).

In dieser Phase hat der Verkäufer die Aufgabe, den Kunden in seiner Kaufentscheidung zu bestärken und ein Vertrauensverhältnis aufzubauen (vgl. *Stauss / Seidel* 2007, S. 29).

Der Verkäufer übernimmt hier die Rolle des Akquisiteurs. Dabei konzentriert er sich auf die Identifikation potenzieller Kunden sowie deren Ansprache. Als Ziel dieser Phase gilt die Überzeugung von potenziellen Kunden davon, dass das Unternehmen ein geeigneter Partner für den Erhalt ihrer gewünschten Leistung ist (vgl. *Stock-Homburg* 2008, S. 681).

Nach *Diller et al.* (vgl. 2005, S. 180) umfasst die Kundengewinnung die drei Teilprozesse Kontaktvorbereitung, Kontaktdurchführung und Ergebnisabsicherung.

5.2.2.1. Kontaktvorbereitung

In der Kontaktvorbereitungsphase geht es um die Konzeption des Verkaufskontaktes. Mit der Konzeption soll eine Basis für eine erfolgreiche Interessentenkonversion geschaffen werden. Diese betrifft das Gewinnen von Neukunden.

Der Output der Kontaktvorbereitung ist ein Konzept inklusive Termin für den anstehenden Kundenkontakt. Beim Konzept werden Inhalt und Art der weiteren Vorgehensweise so festgelegt, dass die Wahrscheinlichkeit der Kundengewinnung durch den Verkäufer hoch ist.

Als Input für die Entwicklung des Konzepts dienen Informationen über die zu berücksichtigenden Kundenmerkmale wie Kundenbedeutung und Kaufentscheidungskriterien. Ebenso werden weitere relevante unternehmensinterne und -externe Informationen berücksichtigt.

Für Verkäufer sind eine gute Informationsbasis und eine ordentlich Vorbereitung des Kundenkontaktes unerlässliche Maßnahmen für den Verkaufserfolg. Die gründliche Kontaktvorbereitung unterstützt den Verkäufer bei der Argumentation, Ziel- und Zeitplanung und beim Verstehen der Kundenbedürfnisse (vgl. *Diller et al.* 2005, S. 180-183).

Für eine gute Kontaktvorbereitung ist ein schneller Zugriff des Verkäufers auf alle für ihn relevanten internen Daten und Prozesse unabdingbar (vgl. *Winkelmann 2008b*, S. 305).

5.2.2.2. Kontaktdurchführung

Die Kontaktdurchführung ist das konkrete Zusammentreffen von Verkäufer und Interessent. Das Ziel des Verkäufers ist es, den Verkaufsabschluss voranzutreiben und den Interessenten zum Kauf zu bewegen.

Als Input dienen die im Rahmen der Kundenannäherung und Kontaktvorbereitung gewonnenen Informationen sowie das Kontaktkonzept. Weiters fließen Situationsspezifika wie die unangekündigte Teilnahme des Geschäftsführers in die Kontaktdurchführung ein.

Der Output des Prozesses ist die Interessentenkonversion in Form eines Verkaufsabschlusses bzw. die Vereinbarung eines Folgebesuches. In diesem Zusammenhang ist der Aufbau von Vertrauen und Zufriedenheit auf Interessentenseite zu erwähnen. Dadurch kann die Bindung des Kunden auf- und ausgebaut werden.

Zu Beginn eines erfolgreichen Interessentenkontaktes ist eine gelungene Gesprächseröffnung erforderlich. Dabei müssen ein passender Gesprächseinstieg gewählt und die konkreten Interessentenbedürfnisse identifiziert werden. Dadurch kann der Verkäufer eine persönliche und inhaltliche Basis für die Verkaufspräsentation aufbauen. Im Rahmen der Verkaufspräsentation hat der Verkäufer die Aufgabe, den Nutzen der angebotenen Problemlösung zu verdeutlichen und eventuelle Einwände zu behandeln. Im Anschluss an die Präsentation werden die Preise verhandelt und der Verkauf verbindlich abgeschlossen (vgl. *Diller et al.* 2005, S. 198f.).

Das Verkaufsgespräch ist die persönlichste Kontaktaufnahme mit dem Kunden. Im Zentrum des direkten Gesprächs steht der Kunde als Person. Für den Verkaufserfolg ist entscheidend, ob der Kunde kauft. Daher liegt die wesentliche Aktivität beim Kunden. Für den Verkäufer besteht die Chance, den Kunden kompetent, sachkundig und hilfreich im Kaufentscheidungsprozess zu begleiten. Ebenso ergibt sich hierbei die Chance für den Verkäufer, dem Kunden nicht nur Informationen zur Verfügung zu stellen, sondern ihn bei seiner Auswertung und Schlussfolgerung nicht alleine zu lassen. V. a. wenn es um langfristige Geschäftsbeziehungen geht, sollte nicht gegen den Kunden und seine Interessen verkauft werden. Das Verkaufsgespräch ist daher die Brücke zum Kunden. Die Beziehungsbrücke ist die Verbindung zusammenzufinden und einen gemeinsamen partnerschaftlichen Weg zu gehen (vgl. *Birker* 1999, S. 313).

Das Verkaufsgespräch ist das stärkste persönliche Beeinflussungsmittel, über das Verkäufer verfügen. Um wirksame Verkaufsgespräche führen zu können, ist es Voraussetzung, dass der Verkäufer motiviert ist (vgl. *Schwalbe / Schwalbe* 1995, S. 229).

Im Verkaufsgespräch ist es wichtig, dass sich der Verkäufer partnerorientiert verhält und spricht. Das bedeutet, dass sich der Verkäufer in die Person des Gesprächspartners versetzt und so spricht und argumentiert wie dieser. Diese Vorgehensweise zeigt dem Verhandlungspartner, dass man sich mit ihm beschäftigt und wirkt sich positiv auf den Verkaufserfolg aus (vgl. *Weis* 2003, S. 25).

Dienstleistungen können auf Grund ihrer Immaterialität bei Gesprächen nicht vorgezeigt oder vorgeführt werden. Der Kunde entscheidet auf Grund seines Vertrauens zum Verkäufer und dessen Image (vgl. *Weis* 2003, S.44).

5.2.2.3. Ergebnisabsicherung

Bei der Ergebnisabsicherung geht es um die unternehmensinterne und -externe Durchsetzung des im Kundenkontakt erzielten Verkaufsergebnisses. Bei Nichtabschluss beim Kundenkontakt, muss diesbezüglich beim Interessenten nachgefasst werden. Ziel des Nachfassens ist es, die Übereinkunft durch einen gültigen Vertrag verbindlich zu machen.

Als Output dieses Teilprozesses gelten der Kundenauftrag in Form eines verbindlichen Vertrages und damit ein akquirierter Kunde.

Der Input sind die im Kundenkontakt getroffenen Regelungen über das weitere Vorgehen. Ebenso sind weitere relevante unternehmensinterne und – externe Informationen von Bedeutung (vgl. *Diller et al.* 2005, S. 209f.).

Im Falle von Anfragen, Angeboten und Verträgen müssen folgende Besonderheiten von Dienstleistungen beachtet werden:

- Dienstleistungen können selten abgebildet und nicht immer vollständig und umfassend beschrieben werden.
- Das Preis-Leistungs-Verhältnis und der Wert der Dienstleistung sind schwierig zu bestimmen.
- Die Vertragsdauer läuft über einen langen Zeitraum.
- Der Anbieter von Dienstleistungen hat einen großen Freiraum bei der Gestaltung seiner Arbeit, Preise und Konditionen.
- Zur Überprüfung von Dienstleistungen sind spezifische Kontrollkriterien und -verfahren zu gestalten.
- Der Vergleich von verschiedenen Dienstleistungsanbietern ist schwierig (vgl. *Hirschsteiner* 2006, S. 249).

5.2.3. Kundenpflege

Die Kundenpflege und deren Aktivitäten sind der Kundengewinnung zeitlich nachgelagert. Der Output dieser Phase ist der Wiederkauf des Kunden (vgl. *Diller et al.* 2005, S. 43).

In der Phase der Kundenpflege kommt es darauf an, die Beziehung zu einmal gewonnenen Kunden zu festigen, damit diese zu Bestandskunden werden. Ebenso gilt es hierbei die Geschäftsbasis mit ertragreichen Kunden auszubauen (vgl. *Pepels* 2002b, S. 601).

In dieser Phase hat der Verkäufer die Rolle des Beziehungsmanagers. Er hat hierbei die Aufgabe, optimale Rahmenbedingungen für eine zukünftige Inanspruchnahme der Unternehmensleistungen durch den Kunden zu schaffen. Zusätzlich ist er für die Entwicklung von Ideen und Konzepten für die zukünftige Zusammenarbeit mit dem Kunden zuständig (vgl. *Stock-Homburg* 2008, S. 682).

Die Kundenpflege besteht aus den fünf Teilprozessen Relationship-, Kundenbindungs-, Beschwerde-, Rückgewinnungsmanagement und Beziehungsbeendigung (vgl. *Diller et al.* 2005, S. 235).

5.2.3.1. Relationship-Management

Relationship-Management erfordert den regelmäßigen, zielgerichteten Einsatz verschiedener Marketing- und Vertriebsinstrumente in der Nachkaufphase. Durch Instrumente wie After-Sales-Service sowie ein entsprechendes Mitarbeiterverhalten bietet sich die Chance einer langfristigen Kundenzufriedenheit. Das Zufriedenheitsgefühl führt zu Kundenbindung, die sich letztlich durch Wiederholungskauf und Cross-Selling-Potenzial in Umsatz und Deckungsbeitrag niederschlägt (vgl. *Schmengler* 1999, S. 554f.).

Das primäre Ziel von Relationship-Management ist die Aufrechterhaltung der Kundenbeziehung. Diese kann durch die Beachtung der Kundenbedürfnisse und dem Aufbau einer langen und vertrauenswürdigen Kundenbeziehung erreicht werden (vgl. *Jobber / Lancaster* 2006, S. 313).

Das Ziel von Relationship-Management ist, dass eine langfristige Bindung von profitablen Kunden geschaffen wird. Der Verkäufer strebt danach, den Kunden mit der Dienstleistung, dem anbietenden Unternehmen und der eigenen Serviceorientierung so zufrieden zu stellen, dass der Kunde keinen anderen Anbieter aufsucht (vgl. *Johnston / Marshall* 2008, S.5).

Bei Relationship-Management muss die Einstellung des Einkäufers gegenüber dem Verkäufer betrachtet werden. Wenn Sympathie zwischen Verkäufer und Einkäufer besteht, wirkt sich diese positiv auf die Einstellung des Kunden gegenüber den vom Verkäufer empfohlenen Dienstleistungen aus (vgl. *Jobber / Lancaster* 2006, S. 314).

Die langfristige Ausrichtung des Relationship-Management bedingt Value-added-Selling. Dabei kommuniziert der Verkäufer dem Kunden eine große Auswahl an Vorteilen, die er erreichen kann, wenn er Geschäfte mit dem Anbieterunternehmen tätigt. Value-added-Selling beeinflusst den Verkaufsprozess dahingehend, dass Kaufentscheidungen nicht allein vom Preis abhängig sind (vgl. *Johnston / Marshall* 2008, S. 24).

5.2.3.2. Kundenbindungsmanagement

Das Thema der Kundenbindung wurde bereits ausführlich in Kapitel 4.4. behandelt.

Im Rahmen der Kundenpflege gilt die Kundenbindung als eine der zentralen Ziele. Diese kann über alternative, weitgehend komplementäre Prozesse erzielt werden. Die Kontaktpflege ist hierbei als eine grundlegende Komponente anzusehen. Sie stellt sicher, dass die Beziehung zwischen Anbieter und Kunden bei einer Transaktionspause aufrecht bleibt. Eine weitere Komponente stellen Serviceprozesse dar. Diese bieten dem Kunden eine über die Kerndienstleistung hinausgehenden zusätzlichen Nutzen. Durch diese Value-Added-Services wird eine Differenzierung vom Wettbewerb angestrebt. Eine weitere wichtige Komponente sind die Kundenausschöpfungsprozesse. Dabei werden die ökonomischen Potenziale des Kunden abgeschöpft (vgl. *Diller et al.* 2005, S. 248).

5.2.3.3. Beschwerdemanagement

Das Beschwerdemanagement wird durch Mitteilungen unzufriedener Kunden ausgelöst. Die Beschwerden werden aufgenommen und analysiert. Danach wird eine Entscheidung über die Behandlung gefällt. Wenn das Unternehmen beschließt, dass auf Grund der Kundenbeschwerde eine Maßnahme zu ergreifen ist, ist diese einzuleiten und durchzuführen.

Als Input dienen die durch den Kunden in der Beschwerde kommunizierten Informationen. Zusätzlich werden die im Unternehmen hinsichtlich des Problems vorhandenen eigenen Informationen benötigt. Dazu zählen Mitteilungen und/oder Aufzeichnungen aus der Funktionalabteilung bzw. des Verkäufers, welche aus Kundensicht nicht die erwartete Leistung erbracht haben.

Als Output sind die Informationen über die Beschwerdebehandlung sowie die Kundenreaktion zu sehen.

Für den Anbieter sind Beschwerden positiv. Er bekommt Feedback über die Kundenzufriedenheit und die Möglichkeit die Unzufriedenheitsgründe zu beheben. Dadurch können gefährdete Kundenbeziehungen gerettet werden (vgl. *Diller et al.* 2005, S. 263f.).

Das Beschwerdemanagement ist ein Maßnahmensystem, das die Artikulation von Unzufriedenheit der Kunden anregt, bearbeitet und Aktivitäten zur Behebung der Unzufriedenheitsursachen einleitet. Das Ziel besteht darin, die Kundenzufriedenheit zu erhöhen und Kundenbindung zu erreichen (vgl. *Meffert / Bruhn* 2006, S. 456).

Geschäftsbeziehungen sind gefährdet, wenn Kunden die Möglichkeit der Beziehungsbeendigung erwägen. Die Unzufriedenheit mit Dienstleistungen, Services oder anderen unternehmerischen Handlungsweisen ruft diese Erwägungen hervor. Diese Unzufriedenheit kann in weiterer Folge zu Kundenabwanderungen führen. Für Unternehmen und deren Verkäufer ist es wichtig, die Kundenunzufriedenheit festzustellen, zu analysieren und mittels gezielter Maßnahmen in Zufriedenheit umzuwandeln. Beschwerden ermöglichen es dem Unternehmen rasche Problemlösungen herbeizuführen. Ziel des Beschwerdemanagements ist die Stabilisierung der durch Unzufriedenheit gefährdeten Geschäftsbeziehungen (vgl. *Stauss / Seidel* 2007, S. 30).

Während einer Krise schlüpft der Verkäufer in die Rolle des Krisenmanagers. Er hat die Aufgabe dem Kunden eine akzeptable und schnelle Problemlösung anzubieten. Von zentraler Bedeutung ist es, dem Kunden überzeugend darzulegen, dass und in welcher Form vergleichbare Probleme zukünftig behoben werden (vgl. *Stock-Homburg* 2008, S. 682f.).

5.2.3.4. Rückgewinnungsmanagement

Der Kunde entscheidet auf Grund seiner Zufriedenheit über Folgetransaktionen. Dabei bewertet er v. a. den Nutzen. Wenn der Kunde zu dem Ergebnis kommt, dass er eine vorteilhaftere Nutzen-Kosten-Relation bei einem Konkurrenten bekommt, besteht die Gefahr der Abwanderung. Im Regelfall ist der Kundenverlust negativ. Es gehen Ertragspotenziale verloren, welche ein Konkurrent für sich erschließen kann. Das Unternehmen muss Kundenabwanderungen systematisch analysieren. Im Anschluss an die Analyse werden Instrumente des Rückgewinnungsmanagements eingesetzt (vgl. *Diller et al.* 2005, S. 268).

In der Phase der Rückgewinnung hat der Kunde Probleme mit den Leistungen des Anbieters. Dies impliziert, dass die Bindung des Kunden an das Unternehmen mit Problemen behaftet ist (vgl. *Georgi* 2000, S. 235).

Für die Kundenrückgewinnung (Customer-Recovery) ist eine Analyse dahingehend notwendig, welche Gründe die Kunden veranlasst haben, den Anbieter zu wechseln bzw. den Kauf einzustellen. Ein Problem ist hierbei die Tatsache, dass der Zugriff auf bestehende Kunden zwar hinlänglich vorhanden, der Zugriff auf ehemalige Kunden aber durchaus schwierig ist. Wenn Kontaktmöglichkeiten bestehen, gilt es einen plausiblen Anlass für die neuerliche Kontaktierung zu finden. Dies ist v. a. dann von Bedeutung, wenn Unzufriedenheit zum Kundenverlust geführt hat. Die Situation wird chancenreicher, wenn ein Kundenverlust auf den Wunsch nach Abwechslung (Variety-Seeking) zurückzuführen ist. Durch ein verändertes Angebot können diese ehemaligen Kunden aus den gleichen Gründen zurückgewonnen werden, aus denen sie ehemals verloren gegangen sind. Die Bindungsfähigkeit dieser ehemaligen Kunden ist allerdings begrenzt. Unzufriedene Kunden sind eventuell durch ein neuerliches Testangebot zum Kauf zu bewegen (vgl. *Pepels* 2002c, S. 671).

5.2.3.5. Beziehungsbeendigung

Die Beziehungsbeendigung tritt bei Kundenbeziehungen ein, deren Fortführung aus Anbietersicht keinen ökonomischen Sinn macht. Diese Beziehungen gilt es zu identifizieren. Der Input für die Identifikation sind Informationen, die eine Bewertung der aktuellen und künftigen Attraktivität der Kunden erlauben. Weiters sind Informationen über die Kundenhistorie erforderlich.

Im Anschluss an die Identifizierung zu beendender Geschäftsbeziehungen, werden konkrete Maßnahmen vom Unternehmen gesetzt. Dabei fließen Informationen über die Kundensegmente oder Einzelbeziehungen ein, mit denen die Beziehungen beendet werden sollen.

Als Output der Beziehungsbeendigung sind Beziehungsbeendigungsberichte anzusehen. Diese enthalten Informationen über den tatsächlichen Beziehungsabbruch. Aus den Reaktionen aus Kundensicht werden künftige Beendigungsaktivitäten gestaltet (vgl. *Diller et al.* 2005, S. 277-279).

Der Unterschied der Kundenabwanderung zur Kundenausgrenzung liegt in der Aktivität des Kunden. Bei der Ausgrenzung steht das Verhalten des Anbieters im Vordergrund (vgl. *Tomczak et al.* 2000, S. 410).

Unternehmensbezogene Gründe für die Kundenausgrenzung können der fehlende Fokus im Rahmen der Kundenakquisition und -bindung sowie eine strategische Neuausrichtung sein. Ein kundenbezogener Grund für die Ausgrenzung kann das Ändern der Bedürfnisse sein. Ebenso kann das eigene Kaufverhalten Anlass für die Beziehungsbeendigung sein (vgl. *Tomczak et al.* 2000, S. 402f.).

Bei der unternehmensinitiierten Beziehungsbeendigung steht die Bereinigung des Kundenstammes im Zentrum des Interesses. Dabei können auch rechtliche Gründe wie beispielsweise im Zusammenhang mit Fusionen, die Unternehmen zur Auflösung bestehender Kundenbeziehungen zwingen (vgl. *Michalski / Bruhn* 2003, S. 249).

Eine Studie aus dem Jahr 2006 ergab vier Gründe für unternehmensinitiierte Beziehungsbeendigungen. Ein Grund hierfür ist die sinkende Rentabilität von bestimmten Kunden. Ein weiteres Motiv ist die niedrigere Arbeitsproduktivität von Angestellten, die sich mit den unrentablen Kunden auseinandersetzen müssen. Weitere Ursachen bilden die zu geringe Kapazität, um große Kundenmengen zu betreuen und ein Wechsel der Geschäftsstrategie (vgl. *Mittal et al.* 2008, S. 61).

6. Serviceorientierung

Die Basis des serviceorientierten Denkens bilden die Kundenbedürfnisse. Unternehmen, die Dienstleistungen entwickeln, welche die Kundenbedürfnisse optimal erfüllen oder übertreffen, gelingt es einen Überraschungseffekt zu erzielen (vgl. *Olf et al.* 2008, S. 162).

Serviceleistungen sind keine Nebenleistungen von Dienstleistungen. Sie tragen dazu bei, dass die Dienstleistung marktfähig wird. Der Verkäufer muss sich mit dem Ziel der Serviceorientierung identifizieren. Erst wenn der Verkäufer Serviceorientierung verinnerlicht, wird sie durch sein Verhalten für die Kunden spürbar (vgl. *Fassnacht et al.* 2004, S. 389).

In der Literatur wird angenommen, dass das freundliche, höfliche und zuvorkommende Bestreben des Verkäufers, Probleme lösen zu wollen und Freude an dieser Tätigkeit zu haben, eine besondere Veranlagung darstellt.

Die Serviceorientierung besteht aus den beiden Dimensionen Hilfeleistungsmotivation und Leistungsorientierung.

Im Sinne der Leistungsorientierung bewirkt die Zufriedenheit mit der eigenen Leistung beim Verkäufer eine Selbstbestätigung seines Handelns. Diese mündet in einem höheren Selbstbewusstsein. Der Verkäufer motiviert sich durch die positive Selbstbestätigung vor und während einer erneuten Interaktion mit dem Kunden. Er tritt dem Kunden gelassen und konzentriert gegenüber und bringt somit die besten Voraussetzungen für ein serviceorientiertes Verhalten mit. Das Serviceverhalten kann die spezielle Einstellung zum Dienen bewirken (vgl. *Coenen* 2001, S. 349-352).

Die Serviceorientierung von Verkäufern wirkt sich positiv für die Kunden, das Unternehmen und dessen Mitarbeiter aus. Aus diesem Grund ist serviceorientiertes Verhalten ein wesentlicher Bestandteil der Leistungspflicht von Verkäufern (vgl. *Woehe / Lang* 2003, S. 37).

Die Serviceorientierung als individuelle Bereitschaft zum Dienen und die Servicekompetenz als dienstleistungsspezifische Fähigkeit spielen eine entscheidende Rolle in der Verkäufer-Kunde-Interaktion. Diese Rolle kommt v. a. im Mitarbeiterverhalten als auch in der wahrgenommenen Dienstleistungsqualität zum Tragen (vgl. *Coenen* 2001, S. 360).

Die Gründe für die Serviceorientierung in Dienstleistungsunternehmen sind im Wesentlichen:

- Hohe Margen bei neuen Dienstleistungen
- Forderungen der Kunden nach mehr und besseren Dienstleistungen/Services
- Angebot von Dienstleistungen/Services durch Wettbewerber
- Imagewechsel des Unternehmens (vgl. *Beutin* 2008, S. 349).

Generell zeichnen sich serviceorientierte Verkäufer durch folgende Kompetenzen aus:

- Sie schaffen Loyalität und Vertrauen.
- Sie beweisen Einfühlungsvermögen und kommunizieren effizient.
- Sie bewältigen den Stress und können aktiv zuhören.
- Die Verkäufer demonstrieren geistige Beweglichkeit.
- Sie sind teamfähig und beweisen persönliche Motivation.
- Sie lösen Probleme und verhalten sich professionell.
- Sie zeichnen sich durch gute Kenntnisse über das Unternehmen und die Branche aus. Sie verfügen über das dafür notwendige Fachwissen und Fertigkeiten.
- Sie besitzen Organisationstalent und sind verlässlich und loyal (vgl. *Bruns* 2005, S. 18).

Ein serviceorientiertes Unternehmen zeichnet sich dadurch aus, dass es sich auf die Gestaltung von Services fokussiert, die es vom Wettbewerb differenziert. Die anderen Services werden nach bewährten Richtlinien gestaltet. Wenn ein Partner den Service in der gewünschten Qualität kostengünstiger anbieten kann, werden diese ausgelagert (*Capgemini* 2006, S. 6).

Ein Merkmal von serviceorientierten Unternehmen ist, dass die Organisation auf die Kooperation mit den Geschäftspartnern und die schnellen und marktgerechten Reaktionen des Unternehmens ausgerichtet ist (vgl. *Capgemini* 2006, S. 6).

Abbildung 5: Typologie der kaufmännischen Serviceleistungen

	Kaufmännische Services
Pre-Sales-Phase	<ul><li>Beratung</li><li>Angebotserstellung</li><li>Finanzierungsberatung</li><li>Wirtschaftlichkeitsrechnung</li><li>Schulung</li></ul>
After-Sales-Phase	<ul><li>Newsletter</li><li>Service-Hotline</li><li>Kulanz und Garantie</li><li>Betriebskostenberatung</li><li>Schulungen, Ausbildung</li></ul>

Quelle: in Anlehnung an *Winkelmann* 2008a, S. 222

6.1 Serviceorientierung vor dem Kauf

Zu den Pre-Sales-Leistungen gehören alle Dienstleistungen, die dem Kunden die Wahl erleichtern, ihn mit Informationen versorgen und das gesamte Umfeld kauffreundlich gestalten. Beispiele hierfür sind der Kundenparkplatz, die Cafeteria sowie die persönliche Beratung (vgl. *Harms* 2002, S. 414).

Kunden können Service beispielsweise in Form von Beratung, Angebotserstellung und Schulung vor dem Kauf erfahren (vgl. Abb. 5) (vgl. *Winkelmann* 2008a, S. 222).

Beispielhafte Verhaltensweisen von serviceorientierten Verkäufern vor dem Kauf sind:

- Die freundliche Begrüßung,
- das Bedanken für eventuelle Wartezeiten,
- die persönliche Ansprache mit Namen,
- das Zuhören zwischen den Zeilen,
- das positive Bestätigen von getroffenen Entscheidungen und
- das Formulieren von positiver Wertschätzung und Anerkennung für scheinbare Selbstverständlichkeiten (vgl. *Mönch / Goller* 2008, S. 242).

6.2 Serviceorientierung nach dem Kauf

Ein Verkauf ist nicht mit dem Abschluss zu Ende. Es ist der Service nach dem Verkauf, der zählt (vgl. *Miller / Heiman* 1991, S. 299).

Die After-Sales-Phase ist noch eng mit dem eigentlichen Kaufvorgang verbunden. Im Falle von Dienstleistungen fallen häufig die Ausliefer- und Nutzungsphase zusammen. Beispiele für After-Sales-Leistungen in der Dienstleistungsbranche sind der Versicherungsschutz bei einer Kreditkarte, der Regenschirm im Mietauto oder der Begrüßungssekt im Hotelzimmer (vgl. *Harms* 2002, S. 415).

Serviceleistungen sind zusätzliche, additive Dienstleistungen, die mit einem bestimmten Ziel angeboten werden. Dabei handelt es sich um additive Elemente in Form von Angebots- und/oder Leistungsbündeln zur Kerndienstleistung des Anbieters. Wenn ein Zusatzangebot eigenständig vermarktet wird, so ist dieses nicht der Rubrik Zusatzdienstleistung zuzuordnen. Nach der Art der Leistung können folgende Zusatzdienstleistungen unterschieden werden:

- Informations-, Beratungsdienstleistungen,
- logistische Dienstleistungen,
- technische Dienstleistungen,
- Individualisierungsdienstleistungen,
- betriebswirtschaftliche Dienstleistungen und
- Bequemlichkeitsdienstleistungen. (vgl. *Beutin* 2008, S. 350-354).

Der Aspekt, dass Services durch den Menschen erbracht werden, ist von hoher Bedeutung. Da im Zuge der Serviceerbringung persönliche Kontakte und Beziehungen entstehen, sind Services eine wesentliche Stütze der Kundenbindung (vgl. *Homburg et al.* 2008, S. 294).

Ein guter Service eröffnet Unternehmen die Möglichkeit, Kunden an sich zu binden. Dadurch wird die Notwendigkeit der Neukundengewinnung reduziert (vgl. *Grubbs / Reidenbach* 1995, S. 30).

7. Verkaufsmanagement

7.1. Verkaufsformen

Abbildung 6: Typologie der Verkaufsformen

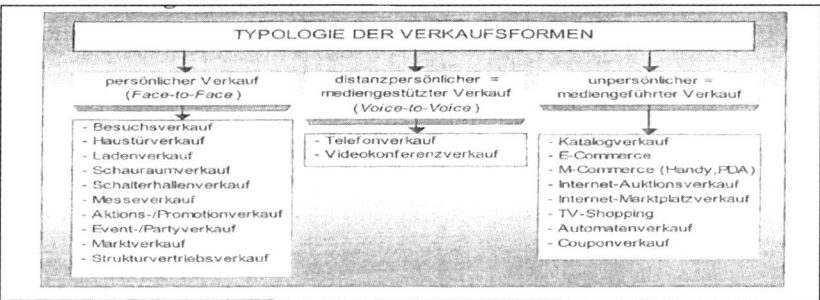

Quelle: *Winkelmann* 2008a, S. 286

Die Verkaufsformen können nach der Art des Kontakts und nach dem Medieneinsatz unterschieden werden (vgl. Abb. 6) (vgl. *Winkelmann* 2008, S.286).

7.1.1. Persönlicher Verkauf (Face-to-Face)

Persönliches Verkaufen ist ein interpersoneller Kommunikationsprozess, in welchem ein Verkäufer Informationen sammelt, Bedürfnisse und Wünsche von potenziellen Kunden erkennt und zufrieden stellt mit dem Ziel einen gemeinsamen, langfristigen Vorteil für beide Parteien zu erreichen (vgl. *Jackson et al.* 2007, S. 2).

Die Face-to-Face-Situation impliziert, dass ein zwischenmenschlicher Kontakt von Verkäufer und Kunde stattfindet. Dieser bietet die Chance zum Aufbau und zur Pflege von Beziehungen (vgl. *Winkelmann* 2008a, S. 286).

Zum persönlichen Verkauf zählen u. a. der Besuchs- oder Außendienstverkauf, der Haustürverkauf, der stationäre Verkauf sowie der Messeverkauf (vgl. *Winkelmann* 2008b, S. 37).

7.1.2. Mediengestützter Verkauf (Voice-to-Voice)

Beim mediengestützten Verkauf findet ein interaktiver Dialog zwischen Verkäufer und Kunde statt. Dieser läuft nicht von Angesicht zu Angesicht ab. Die beiden Parteien sind hierbei online über ein Medium verbunden (vgl. *Winkelmann* 2008a, S. 287).

Der Telefonverkauf hat eine große Bedeutung im mediengestützten Verkauf. Hierbei kann der Außendiensteinsatz durch ein Call-Center ergänzt oder ersetzt werden (vgl. *Winkelmann* 2008a, S. 287).

Das Telefon ist das direkteste und persönlichste Medium. Kein anderes Medium ist so schnell und unkompliziert wie das Telefon. Ebenso kann kein anderes Medium so effektiv sein wie ein erfolgreiches Telefonat (vgl. *Gobbetto* 2002, S. 738).

Diese Verkaufsform nutzt das Direktmarketing zur Ansprache von Interessenten, um deren Potenzial und Kaufinteresse abzuklären bzw. um Besuchstermine für den Außendienst zu vereinbaren (vgl. *Winkelmann* 2008a, S. 287).

Wenn in einem Unternehmen ein Telefonat entgegengenommen wird, passiert eine Form von Inbound-Telemarketing. Dieses bildet die Urform des Telemarketings, da hier alle Aspekte einer funktionierenden und kompetenten Serviceorientierung des Unternehmens den Kunden gegenüber präsentiert werden kann (vgl. *Gobbetto* 2002, S. 742).

Wenn in einem Unternehmen ein Mitarbeiter zum Telefon greift, um einen Kunden oder Unternehmenspartner anzurufen, passiert eine Form von Outbound-Telemarketing. Dies ermöglicht dem Unternehmen zahlreiche professionelle, seriöse und kompetente Wege der zielorientierten Ansprache (vgl. *Gobbetto* 2002, S. 745).

7.1.3. Mediengeführter Verkauf (unpersönlich)

Zu den mediengeführten Verkaufsformen zählen u. a. der Versandhandel, Electronic Commerce (E-Commerce), mobiler Verkauf sowie TV-Shopping (vgl. *Winkelmann* 2008b, S. 37).

Von dominierender Bedeutung beim unpersönlichen Verkauf ist der Versandhandel durch Groß- und Spezialversender. Die Qualität der Geschäftsbeziehung wird durch den Innendienst geprägt. Der Anbieter hat am Ort der Kaufentscheidung keine Kontrolle über das Kaufverhalten und den Zeitpunkt des Kaufs. Aus diesem Grund wird verstärkt versucht, mit Hilfe von E-Commerce einen zwar nicht persönlichen, jedoch einen interaktiven Dialog mit dem Kunden zu erreichen (vgl. *Winkelmann* 2008b).

Electronic Commerce ist die elektronische Initiierung und Abwicklung des Verkaufsprozesses von Produkten und Dienstleistungen über das Internet. Hierbei kann die

Auslieferung und Bereitstellung des Leistungsgegenstandes offline und online erfolgen (vgl. *Pepels* 2002a, S. 21).

E-Commerce verändert bestehende Markt und Branchenstrukturen. Da das Medium Internet jederzeit und überall verfügbar ist, führt dies unmittelbar zu einem globalen Marktplatz, auf dem Verlässlichkeit und Selbstbedienung die vorherrschenden Elemente sind. Zu den drei klassischen Vertriebskanälen – der persönlichen Ansprache, der schriftlichen und fernmündlichen Kommunikation – bieten die elektronischen Medien einen zusätzlichen Kommunikationsweg zwischen Anbietern und Nachfragern. Hierbei gilt es, bestimmte Regeln und Verhaltensmuster zu berücksichtigen. Der elektronische Verkauf und seine Kommunikationsstrukturen ermöglichen dem Nachfrager eine aktive Rolle und statten ihn so mit einer größeren Marktmacht durch bessere Transparenz und globalen Wettbewerb auszustatten (vgl. *Stolpmann* 2002, S. 702).

Im B2B-Vertrieb sind die Kommunikation unter den Geschäftspartnern und der Aufbau einer Win-win-Situation von hoher Bedeutung für alle Beteiligten. Daher sind für den B2B-E-Commerce die Zuverlässigkeit und Flexibilität im Reagieren auf Kundenanforderungen wichtig. Ebenso hohen Stellenwert haben die Personalisierung von Angeboten und die Automatisierung beispielsweise von Nachbestellungen (vgl. *Stolpmann* 2002, S. 703).

Der Verkauf über das Internet (E-Commerce) wird in den nächsten Jahren steigen und einen Trend markieren (vgl. *Capgemini* 2008, S.7).

7.2. Effizienz im persönlichen Verkauf

7.2.1. Verkaufstrichter (Sales Funnel)

Abbildung 7: Der Verkaufstrichter

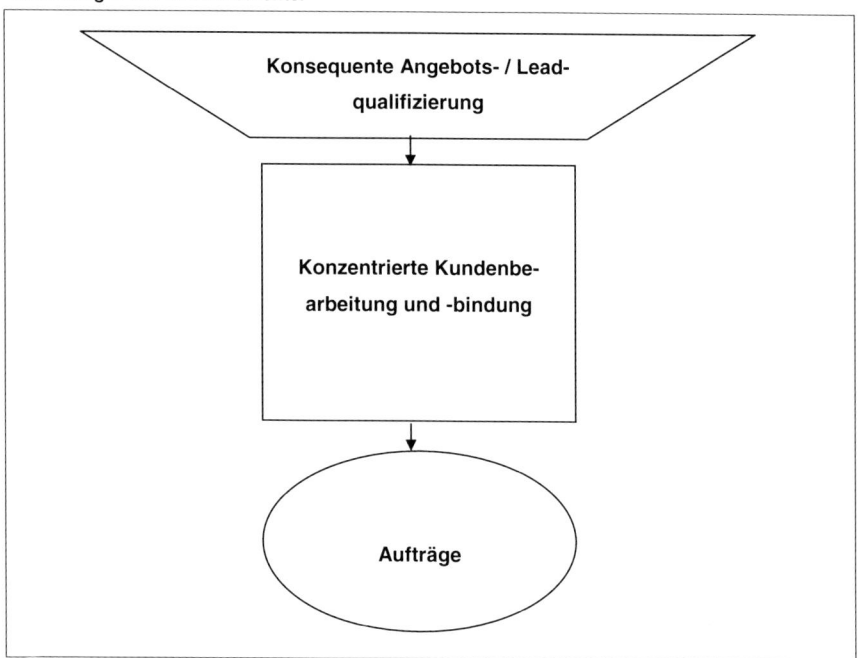

Quelle: in Anlehnung an *Winkelmann* 2008b, S. 226

Eine spezielle Aufgabe von Marketing und Vertrieb ist es durch konsequente und ganzheitliche Kundenqualifizierung einen engen, konzentrierten Verkaufstrichter zu schaffen. Es soll eine streng gefilterte Menge von Verkaufsvorgängen in die Akquisition übernommen werden. Der Verkäufer hat die Aufgabe, mit Hilfe eines Vertriebssteuerungssystems den Streuverlust im Akquisitionsprozess zu vermeiden. Diese Effizienzmaßnahme soll dazu führen, dass der Verkäufer alle Verkaufschancen zum Auftragserfolg führt (vgl. Abb. 7) (vgl. *Winkelmann* 2008b, S. 227).

Der Verkaufstrichter ist in drei klar voneinander abgegrenzte Abschnitte unterteilt. Diese sind die erste, die zweite und die dritte Trichterebene. Jeder Ebene ist eine spezifische Art verkäuferischer Tätigkeit zugeordnet. Diese Differenzierung ist das zentrale Merkmal des Verkaufstrichters. Der Verkäufer muss alle drei Arten verkäuferischer Tätigkeit beherrschen. Diese sind das Ausfindigmachen von Kaufinteressenten und die Bewertung der Erfolgsaussichten, das Erledigen aller für den Verkauf relevanten strategischen und taktischen Arbeiten und das erfolgreiche Abschließen des Verkaufs (vgl. *Miller / Heiman* 1988, S. 218).

Der Verkaufstrichter ist ein Instrument, das Verkäufern hilft, ihre aktive Verkaufszeit richtig und effizient einzuteilen (vgl. *Miller / Heiman* 1988, S. 57).

7.2.2. Kennzahlen im persönlichen Verkauf

Unter Kennzahlen versteht man quantitative Daten, die als bewusste Verdichtung der komplexen Realität über zahlenmäßig erfassbare betriebswirtschaftliche Sachverhalte informieren sollen. Die Funktionen von Kennzahlen sind vielfältig. Diese reichen von der Schaffung von Awareness bis hin zur Kontrolle in Kennzahlen ausgedrückter Ziele (vgl. *Weber / Schäffer* 2006, S. 168f.)

Abbildung 8: Kennzahlen im persönlichen Verkauf

Kennzahl	Definition
Auftragseingang	Kumulierter Anfangsbestand am Stichtag Geplanter Umsatz der Periode
Angebotserfolgsquote	Gesamtes akquiriertes Auftragsvolumen Angebotenes Auftragsvolumen
Neukundenanteil	Umsatz/Deckungsbeitrag der Neukunden Netto-Umsatz/Gesamtdeckungsbeitrag
Marktanteil im Vertriebskanal	Umsatz im Vertriebskanal X Gesamtumsatz des Vertriebskanal X
Besuchseffizienz	Anzahl der akquirierten Aufträge Anzahl der Kundenbesuche
Aktive Verkaufszeit	Für die Kundenbetreuung aufgewendete Zeit Gesamtarbeitszeit des Verkäufers

Quelle: in Anlehnung an *Preißner* 2002, S. 75f.

Zu den relevanten Kennzahlen im persönlichen Verkauf zählen u. a. der Auftragseingang, die Angebotserfolgsquote, der Neukundenanteil, der Marktanteil im Vertriebskanal, die Besuchseffizienz sowie die aktive Verkaufszeit. Abb. 8 zeigt auf wie diese definiert werden (vgl. *Peißner* 2002, S. 75f.).

Als aktive Verkaufszeit wird die Zeit bezeichnet, die der Verkäufer aufwendet, um mit einem Kaufbeeinflusser in der Wachstums- oder Problemhaltung zu sprechen. Ebenso stellt sie die Zeit dar, die im Gespräch mit einem Kaufbeeinflusser dazu dient, seine Wachstums- oder Problemhaltung aufzudecken (vgl. *Miller / Heiman* 1988, S. 212).

Die Erhöhung der aktiven Verkaufszeit bei den umsatzstärksten Kunden bringt die sichersten Aufträge. Bewährte Maßnahmen zur Erreichung dieses Ziels sind die Reduktion der Anwesenheitszeit in der eigenen Firma, die Einladung des Kunden ins eigene Haus sowie die Verbesserung der Tourenplanung (vgl. *Geffroy* 2005, S. 151).

Wenn Verkäufer weniger mit den Themen der Distribution und dem damit verbundenen Manipulationsaufwand, wie Anfragen und Reklamationsaufwand, beschäftigt sind, steigt die aktive Verkaufszeit (vgl. *Pinczolits / Vevera* 2006, S. 10).

7.3. Persönlicher Verkauf

7.3.1. Aufgaben des persönlichen Verkaufs

Der Verkaufsakt ist nicht ohne gewisse Vorarbeiten des Verkäufers zu bewerkstelligen. Er erfordert zahlreiche verkäuferische Wertschöpfungsaktivitäten. Zu diesen kundenbezogenen Aktivitäten zählen die Suche nach potenziellen Kunden, deren Ansprache und Information sowie die Überwindung aufkommender Kaufwiderstände (vgl. *Diller et al.* 2005, S.22).

Der Verkäufer stellt die entscheidende Schnittstelle zum Kunden dar. Zu seinen Aufgaben zählt es, den Überblick zu behalten und alle Ressourcen des Unternehmens effizient auf den Kunden zu konzentrieren. Dabei muss er die wesentlichen Trends in den Absatzmärkten seiner Kunden kennen. Auf dieser Basis kann er sein Know-how und die Kompetenzen des Unternehmens für die Erfolgssteigerung des Kunden einsetzen. Für das eigene Unternehmen können Wettbewerbsvorsprünge erzielt werden um nicht in einen ruinösen Preiswettbewerb zu geraten (vgl. *Dannenberg / Zupancic* 2008, S. 15f.).

Verkäufer bauen ständig Beziehungen zu Geschäftspartnern außerhalb des eigenen Unternehmens und zu Mitarbeitern in ihren Unternehmen auf. Beispielsweise finden diese im Rahmen von Akquisitions-, Jahres- und Quartalsgesprächen, in Beschwerdemanagementprozessen, Mitarbeiterbesprechungen usw. statt (vgl. *Schulze* 2002, S. 141).

Zu den wichtigsten Aufgaben des Verkäufers zählen seine Besuchsaktivitäten. Hierbei handelt es sich um Besuche bei den verschiedenen Mitgliedern des gewerblichen Buying-Centers, der Initiierung von Besuchen des anbietenden Unternehmens (beispielsweise Spezialisten, Geschäftsleitung, etc.) beim Nachfrager sowie um Besuche bei kooperierenden Anbietern. Im Vordergrund stehen die Kommunikationsaktivitäten des Verkäufers, v.a die inhaltliche Gestaltung der direkten Kommunikation zwischen Anbieter und Nachfrager, die kooperative Entwicklung von Problemlösungsvorschlägen mittels Kunden individueller Angebote sowie das Durchsetzen von Preisforderungen und das Aushandeln von Konditionen. Neben den externen Aufgaben hat der Verkäufer interne Aufgaben wie die Ausarbeitung von Angeboten, die Verfolgung dieser Angebote, die Überwachung der damit verbundenen administrativen Prozesse wie Auftragsbearbeitung, Rechnungslegung, Zahlungskonditionen und auch die eigenständige Fortbildung zu erfüllen (vgl. *Pepels* 2002b, S. 590).

Verkäufer, die sich um ihre Kunden bemühen, haben ein umfassendes Aufgabenpensum zu erfüllen. Hierzu zählen die Informationsbeschaffung, die Verkaufsvorbereitung und der Aufbau von Kundenkontakten. Weitere Aufgaben stellen die Auftragsabwicklung, das Wecken von Aufmerksamkeit und Interesse sowie der Abschluss des Kaufvertrages dar (vgl. *Olfert / Rahn* 2004, S. 473).

Die Aufgabe eines Verkäufers ist es, Lösungen für Kundenprobleme anzubieten und nicht einfach nur den Produktverkauf anzukurbeln. Es geht darum, den Kunden zu dienen (vgl. *Jackson et al.* 2007, S. 17).

7.3.2. Rolle und Funktion des persönlichen Verkaufs

In der Literatur werden dem Verkäufer Rollen wie Problemlöser, Informant, Experte, Diener, Helfer, Umsatzerzieler, etc. zugeschrieben. Wichtig ist, dass der Verkäufer die Rolle einnimmt, die aus der Sicht des Kunden von ihm verlangt wird (vgl. *Weis* 2003, S. 107).

Der Verkäufer, der während seines Dienstleistungseinsatzes im direkten Kontakt zum Kunden steht, ist automatisch der Repräsentant seines Unternehmens. In dieser Rolle trägt er nicht nur unmittelbar zum Image der eigenen Dienstleistungen bei. Sein

Verhalten vermittelt die Werte, Leitbilder und Kompetenzen seines Unternehmens (vgl. *Jung Erceg* 2005, S. 155).

Die Funktion des Verkäufers geht weit über eine Akquistitions- und Verkaufsabschlussfunktion hinaus. Er steht im Dienste

- einer individuellen Kommunikationsfunktion,
- einer sehr umfassenden Servicefunktion, wie z. B.: Qualitätsüberprüfungen und Kundenschulungen sowie
- einer nach innen wie nach außen gerichteten Koordinationsfunktion bezüglich der kundenbezogenen Prozesse (vgl. *Diller et al.* 2005, S. 33).

Der persönliche Kontakt zwischen dem Verkäufer und dem Kunden ist eine sehr wichtige Funktion. Der Verkauf entsteht im zwischenmenschlichen Kontakt. Dies geschieht in und mit der Beziehung zwischen dem Verkäufer und dem Kunden. Ein guter Verkäufer wird dadurch zum Beziehungsmanager zwischen den vielen Interessen in dem Geflecht, in dem er sich bewegt und erfolgreich arbeiten soll (vgl. *Schulze* 2002, S. 154f.).

7.3.3. Image des persönlichen Verkaufs

Das Verkäuferimage stellt das Fremdbild des Verkäufers dar. Es spiegelt die Meinung der Kunden wider. Das Fremdbild basiert auf der Wahrnehmung und Interpretation der Erscheinung, Taten und Worte des Verkäufers durch den Kunden (vgl. *Lauer* 2005, S. 73).

Ein gutes Image im Vergleich zum Mitbewerb erhöht die Kundenbindung, die Absatzchancen und die Möglichkeiten, höhere Verkaufspreise auf dem Markt durchzusetzen. Voraussetzung hierfür ist, dass die Verkäufer sich mit ihrem Beruf und ihrer wichtigen Aufgabe identifizieren (vgl. *Lauer* 2005, S. 73).

Ein gutes Image im Markt zu haben, ist ein wichtiges Ziel, da es sich positiv auf den Erfolg von Unternehmen und Verkäufern auswirkt. Der Erfolg kann gesteigert werden, wenn das gute Image mit tiefem Kundenverständnis und eindeutigem Mehrwert des Angebotes gepaart ist (vgl. *Bruns* 2005, S. 9).

Begleitende Value-Added-Services können ein Instrument zum Aufbau eines positiven Images des persönlichen Verkaufs sein (vgl. *Homburg et al.* 2008, S. 47).

Wenn der Verkauf ein exzellentes Image hat und der Verkäuferberuf geschätzt wird, gelingt es, das ganze Unternehmen auf den Kunden zu fokussieren (vgl. *Dannenberg / Zupancic* 2008, S. 10).

Den Verkauf und den Verkäuferberuf begleiten einige Vorurteile. Hierzu zählt, dass Verkaufen nur zum Vorteil des Verkäufers selbst ist. Weit verbreitet ist auch die These, dass Verkaufen kein Job für eine Person mit Talent und Verstand ist. Ein weiteres Vorurteil ist, dass Verkäufer und der Verkaufsprozess das Schlechte von Menschen ans Licht bringen. Ebenso wird Verkäufern unterstellt, dass sie lügen und betrügen um erfolgreich zu sein (vgl. *Jackson et al.* 2007, S.2).

Das Wort „verkaufen" ruft oftmals negative Reaktionen hervor. Bezeichnungen wie unmoralisch, unehrlich, verschwenderisch, anstößig und entwürdigend werden mit diesem Begriff verbunden. Diese negativen Assoziationen stammen aus der Zeit des „Klinkenputzens" und sind in vielen Köpfen so verankert. Diese Einstellungen zum Thema Verkaufen machen Verkäufern das Leben bzw. das Ausüben ihres Berufs schwer (vgl. *Jobber / Lancaster* 2006, S. 11).

Auf Grund des niedrigen Status haben Verkäufer v. a. im B2B-Vertrieb damit zu kämpfen, dass sie mit einer langen Wartezeit für ein Gespräch beim Kunden rechnen müssen, Termine kurzfristig abgesagt werden und auf Kunden in Abwehrhaltung treffen. Die Kundenmacht führt dazu, dass Verkäufer diese Handlungen akzeptieren müssen (vgl. *Jobber / Lancaster* 2006, S. 11).

Das Image des Vertriebs und des persönlichen Verkaufs ist in vielen Unternehmen negativ. Um Wertschätzung zu erlangen, hat der Vertrieb entsprechende Leistungen zu erbringen. Die Position des Verkäufers als Partner und Lösungsberater ist gefragt (vgl. *Zupancic* 2007, S. 9).

7.3.4. Kompetenzen des persönlichen Verkaufs

Abbildung 9: Zentrale Kompetenzen von Verkäufern in der Dienstleistungsbranche

```
                        Methodenkomptenz
                        • Betriebswirtschaftliche Me-
    Fachkompetenz         thoden
    • Fachwissen        • Vermittlungs-und Ge-
    • Konditionenkenntnisse sprächsmethodik
    • Unternehmenskenntnisse • Kommunikationsmethodik

              Zentrale Kompetenzen von Verkäufern in
                    der Dienstleistungsbranche

       Soziale Kompetenz              Persönliche Kompetenz
       • Auftreten                    • Mobilität
       • Erscheinungsbild             • Offenheit
       • Höflichkeit                  • Selbstbewusstsein
       • Verhalten gegenüber Kun-     • Belastbarkeit
         den                          • Eigeninitiative
       • Freundlichkeit               • Lernbereitschaft
```

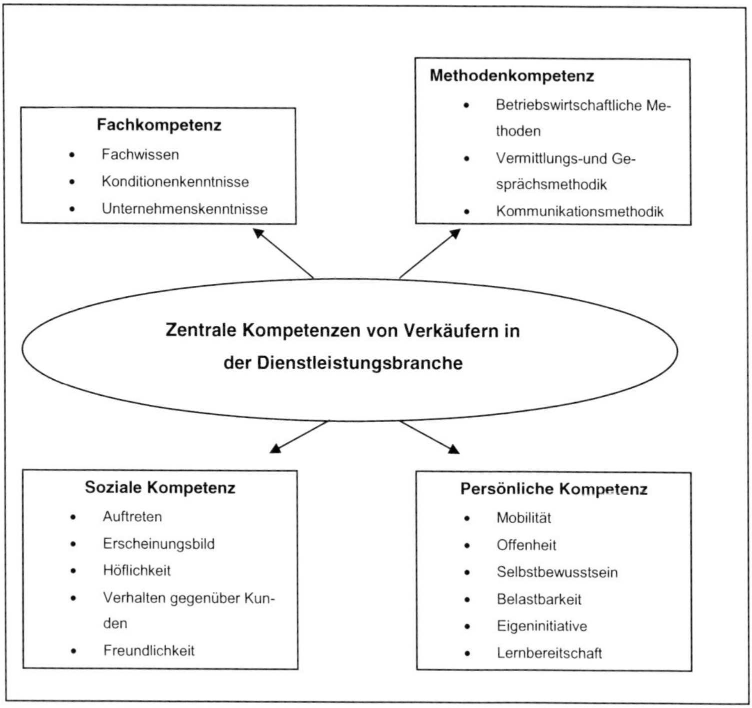

Quelle: in Anlehnung an *Jung Erceg* 2005, S.158

Die zentralen Kompetenzen von in der Dienstleistungsbranche tätigen Verkäufern bilden die Fach-, Methoden-, soziale sowie persönliche Kompetenz (vgl. Abb. 9) (vgl. *Jung Erceg* 2005, S. 158).

7.3.4.1. Fachkompetenz

Fachkompetenz umfasst alle erforderlichen fachlichen Fähigkeiten, Fertigkeiten und Kenntnisse zur Bewältigung konkreter beruflicher Aufgaben (vgl. *Becker* 2005, S. 9).

Die Fachkompetenz bzw. das Fachwissen des Verkäufers ist eine wesentliche Qualifikation im B2B-Vertrieb. Die Verkäufer müssen über fachliches Wissen verfügen, um die Vorzüge der Produkte und Dienstleistungen hervorheben zu können (vgl. *Pinczolits / Vevera* 2006, S. 25).

Der Verkäufer erwirbt seine Fähigkeiten, Fertigkeiten und Kenntnisse durch gezielte Trainingsmaßnahmen oder bei der Ausübung seines Berufes. Dazu zählen Produkt-, Kunden-, Markt- und betriebswirtschaftliche Kenntnisse sowie verkaufsprozessbezogene Fähigkeiten (vgl. Homburg et al. 2008, S. 258f.).

7.3.4.2. Methodenkompetenz

Methodenkompetenz ist die Fähigkeit, erworbene Qualifikationen in komplexen Arbeitsprozessen zielorientiert anzuwenden, Informationen zu beschaffen, zu verarbeiten und im Arbeitsprozesseinzusetzen. Ebenso zählen die Auswertung von Handlungen und Handlungsfolgen sowie die Ableitung von Konsequenzen für zukünftige Handlungen zur Methodenkompetenz (vgl. *Becker* 2005, S. 9).

Methodisches Know-how inkludiert Arbeits- und Managementmethoden, welche die Verkäufer befähigen, ihre fachlichen Potenziale zu nutzen und sich selbst zu organisieren (vgl. *Jung* 2006, S. 255).

Zu den methodischen Kompetenzen zählen betriebswirtschaftliche Kenntnisse, Vermittlungs- und Gesprächsmethodik sowie Kommunikationsmethodik (vgl. *Jung Erceg* 2005, S. 158).

7.3.4.3. Sozialkompetenz

Die Sozialkompetenz stellt die Fähigkeit dar, mit internen und externen Kunden zusammenzuarbeiten sowie ein gutes Betriebsklima zu schaffen und zu erhalten (vgl. *Becker* 2005, S. 9).

Die wichtigsten Aspekte der Sozialkompetenz sind Kommunikations- und Wahrnehmungsfähigkeit, Freundlichkeit, Flexibilität und Teamfähigkeit. Sozialkompetenz dient der angenehmen Gestaltung von Interaktionen mit anderen Menschen. Die zentrale Komponente der Sozialkompetenz ist die Kommunikations- und Wahrnehmungskompetenz. Diese umfasst sowohl die verbale als auch die nonverbale Kommunikation. In diesem Zusammenhang zeichnen sich Verkäufer dadurch aus, dass sie in der Lage sind, ihre verbalen Ausführungen angemessen durch Körpersprache zu ergänzen. Freundlichkeit unterstützt den Verkäufer beispielsweise beim Schaffen einer angenehmen Gesprächsatmosphäre im Kundengespräch. Die Flexibilität hilft den Verkäufern, sich auf unterschiedliche Persönlichkeitstypen einzustellen. Bei der Teamfähigkeit geht es um Aspekte wie Kritikfähigkeit und die Integration in eine Gruppe (vgl. *Homburg et al.* 2008, S. 251-257).

Soziale Kompetenz darf nicht mit Einschmeicheln, übertriebener Freundlichkeit oder weit reichenden Zugeständnissen wie beispielsweise bei Rabatten verwechselt werden. Bei der sozialen Kompetenz geht es darum, dass der Verkäufer soziale Strukturen im Kundenunternehmen erkennen und verstehen kann. Verkäufer, die über hohe soziale Kompetenz verfügen, können sich in Kundenorganisationen integrieren. Dadurch schaffen sie es, an kundeninternen Meetings teilzunehmen und erreichen einen Beraterstatus. Durch diesen Beraterstatus erlangen Verkäufer ein positives Image und gewinnen das Vertrauen der Kunden (vgl. *Dannenberg / Zupancic* 2008, S. 14).

7.3.4.4. Persönliche Kompetenz

Die persönliche Kompetenz umfasst den Umgang mit sich selbst als reflexiv selbstorganisierte Handlung (vgl. *Becker* 2005, S. 9).

Zu den persönlichen Kompetenzen zählen Kontaktfreudigkeit, Optimismus, Einfühlungsvermögen und Selbstwertgefühl. Kontaktfreudigkeit ist die Fähigkeit mit anderen Menschen zu kommunizieren, Erfahrungen oder Kenntnisse auszutauschen und die Beziehung mit ihnen zu pflegen. Dieser Kontakt soll angenehm empfunden und vom Verkäufer gesucht werden. Der Optimismus bewahrt einen Verkäufer in schwierigen Zeiten davor, an seinen Fähigkeiten und am Erfolg zu zweifeln. Das Einfühlungsvermögen ist die Fähigkeit, sich in die Lage anderer Menschen hineinzuversetzen. Es unterstützt den Verkäufer, die Situation aus der Perspektive des Kunden zu betrachten und deren Bedürfnisse und Probleme zu verstehen. Das Selbstwertgefühl hat einen wesentlichen Einfluss auf das Auftreten und die Überzeugungskraft des Verkäufers Ein von seinen Fähigkeiten überzeugter Verkäufer wirkt auf den Kunden überzeugend und strahlt dadurch Kompetenz aus (vgl. *Homburg et al.* 2008, S. 246-248).

Jung Erceg (vgl. 2005, S. 158) führt Mobilität, Offenheit, Selbstbewusstsein, Belastbarkeit, Eigeninitiative und Lernbereitschaft als persönliche Kompetenzen an.

8. Die Clienting-Philosophie nach *Geffroy*

8.1. Grundregel und Herausforderung des Clienting

Die Grundregel des Clientings lautet, dass durch den Aufbau von Beziehungsnetzwerken und elektronischen Netzwerken mit individuellen Menschen und Firmen ein Sog erzeugt werden soll. Es zielt darauf ab Überlebenshilfekonzepte für Unternehmen zu entwickeln. Dadurch soll die Konzipierung einer gemeinsamen Zukunft und eines gemeinsamen Verantwortungskodex erreicht werden (vgl. *Geffroy* 2000, S. 112).

Die Verschmelzung und Vernetzung mit den Kunden kann nur gelingen, wenn das Unternehmen und deren Verkäufer ein Teil von ihnen sind. Dies bringt die Herausforderung mit sich, dass man nicht mehr als Außenstehender gesehen wird, sondern ein Teil des Ganzen ist (vgl. *Geffroy* 2000, S. 149).

Clienting betrifft die menschliche Beziehungsebene. Ein Unternehmen wird nicht als anonyme Ansammlung von Personen betrachtet. Es geht darum Beziehungen zu systematisieren. Einer der entscheidenden Schlüsselfaktoren des Clientings sind Beziehungssysteme. Kontakte sind wichtig, da Beziehungen von ihnen leben. Aus diesem Grund muss der Kontakt persönlich sein (vgl. *Geffroy* 2000, S. 34f.).

Clienting ist der systematische Beziehungsaufbau. Hierbei wird das Ziel verfolgt, Netzwerke zu entwickeln. Aus diesen Netzwerken bilden sich Kontakte. Der Verkäufer gewinnt über die Anzahl von Kontakten wiederum neue Kunden und somit neue Kontakte (vgl. *Geffroy* 2000, S. 84).

Clienting ist auch eine Verhaltenslehre. Es kann nur funktionieren, wenn alle Mitarbeiter des Unternehmens bereit sind, alles für den Kunden zu tun (vgl. *Geffroy* 2000, S. 213).

Der Mensch ist die größte Herausforderung beim Clienting. Dies gilt auf Kunden- und Anbieterseite. Der Kunde als Mensch muss lernen, dass Geben und Nehmen ein partnerschaftliches Prinzip für beide Seiten ist. Auf der Anbieterseite müssen die Mitarbeiter lernen, jederzeit bereit zu sein und Mühen in Kauf zu nehmen, um den Kunden zufrieden zu stellen (vgl. *Geffroy* 2000, S. 249).

Bei Clienting geht es nicht darum einer Zielgruppe Produkte und Dienstleistungen zu verkaufen. Dem Kunden zu helfen ist das Ziel. Dem Kunden soll geholfen werden, besser zu leben, erfolgreicher zu sein und bessere Geschäfte zu machen (vgl. *Geffroy* 2007, S.90).

Das Kerngeschäft von Clienting ist der einzelne Mensch. Dieser ist der Ausgangspunkt und Ziel aller Überlegungen. Der Mensch bildet den Mittelpunkt aller Strategien und Prozesse (vgl. *Geffroy* 2007, S.90).

Es existiert keine andere Ressource, die eine derart zentrale Bedeutung beim Aufbau und der Pflege von Kundenbeziehungen und bei der Lösung komplexer Kundenbeziehungen hat, wie der Mensch (vgl. *Woehe / Lang* 2003, S. 97).

8.2. *Clienting als Kundenerfolgslehre*

Clienting kann als Kundenerfolgslehre übersetzt werden. Der wesentliche Ansatz ist die Steigerung des Kundenerfolgs (vgl. *Geffroy* 2000, S. 22).

Beim Konzept der Kundenerfolgssteigerung steht die ganzheitliche Lösung für den Kunden im Zentrum. Das Konzept erfordert höchste Flexibilität des Anbieterunternehmens. Dies beruht auf der Unsicherheit, ob die Kundenanforderungen von Dauer sind. Die Kundenanforderungen können sich ständig ändern. Das Anbieterunternehmen muss daher dauernd neue Lösungen entwickeln, neue Netzwerkpartner finden und gegenüber Neuem offen sein. Dadurch gewinnt die Veränderung in diesem Zusammenhang an großer Bedeutung. Die Geschäftschancen des Kunden müssen mit beobachtet werden. Im Idealfall gelingt es dem Anbieterunternehmen Chancen für seine Kunden noch vor dem Kunden selbst zu sehen (vgl. *Geffroy* 2000, S. 103).

Den Kunden in den Mittelpunkt aller Aktivitäten zu stellen heißt Sog anstelle von Druck. Die Verkäufer müssen über Anziehungskraft, Attraktivität und angenehme Dinge für den Kunden wie Bequemlichkeit und Service diesen Sog erzeugen (vgl. *Geffroy* 2000, S. 76).

Als Sog wird die ständige Erhöhung der Anziehungskraft und Attraktivität bezeichnet. Das Unternehmenskonzept muss darauf ausgerichtet sein, eine ständige Erhöhung der beiden Faktoren zu erreichen. Die Attraktivität ist im Verhältnis zur Anziehungskraft passiver. Anziehungskraft alleine führt nicht dazu, dass Anfragen entstehen und dadurch ein Sog ausgelöst wird. Ziel des „Sogkonzeptes" ist, dass ein Automatismus in der Neukundengewinnung erreicht wird. (vgl. *Geffroy* 2000, S.134).

Die Anziehungskraft ist ein vernetzter Prozess, der laufend kontrolliert werden muss. Dies ist durch Clienting nach innen, also durch die Mitarbeiter, möglich (vgl. *Geffroy* 2000, S. 135).

8.3. *Partnerschaftliches Handeln*

Im Vordergrund von Clienting stehen systematisch gelebte, intensive, faire und partnerschaftliche Beziehungen (vgl. *Geffroy* 2000, S. 22).

Für Unternehmen und Verkäufer ist die Partnerschaft und Beziehungsqualität zu ihren Kunden der wichtigste Aktivposten. Dies ist unabhängig von der Kaufhäufigkeit der Kunden (vgl. *Geffroy* 2000, S. 106).

Clienting bedeutet, lebenslange Partnerschaft basierend auf dem „Geben-und-Nehmen-Prinzip" mit den Kunden aufzubauen. Partnerschaft ist auf keinen Fall ein Lippenbekenntnis, sondern ein Entwicklungsprozess. Partnerschaften können nur funktionieren, wenn ein beiderseitiges Interesse daran besteht, sich gegenseitig zu unterstützen. Daher soll ein sinnvoller Ausgleich der Interessen für Anbieter und Kunden herauskommen. Dies beinhaltet, dass nicht der Verkauf, sondern die Steigerung des Kundenerfolgs im Vordergrund steht. Wichtig ist in diesem Zusammenhang, dass eine Partnerschaft kein Geschenk ist, sondern jeden Tag neu unter Beweis gestellt werden muss (vgl. *Geffroy* 2000, S. 106).

In der Partnerschaft zwischen Kunden und Anbieterunternehmen gibt es Spielregeln, die eingehalten werden müssen. Die Partnerschaft muss partnerschaftlich, gemeinsam, erfolgsorientiert und fair sein. Die Bereitschaft, den Kunden ins Zentrum zu stellen, muss auch von diesem mitgetragen werden (vgl. *Geffroy* 2000, S. 205).

Partner sein heißt fair miteinander umzugehen und gegenseitigen Respekt aufzubringen. Partnerschaft verkörpert Treue, Stabilität und Vertrauen. Kunden, die sich als Partner fühlen, wechseln nicht beliebig von einem Anbieter zum anderen. Deshalb bezeichnet Partnerschaft auch nachhaltigen Erfolg (vgl. *Geffroy* 2007, S. 42). Das partnerschaftliche Handeln im Umgang mit Kunden löst das eigennützige Handeln ab. Dadurch nimmt die Bedeutung der Glaubwürdigkeit zu (vgl. *Geffroy* 2000, S. 217).

Für Unternehmen, die den Kunden als Partner betrachten, stellen sich die Aufgaben des Aufbaus und der Pflege von langfristigen Win-win-Beziehungen (vgl. Abb. 10) (vgl. Zahn 2004, S. 71).

Abbildung 10: Reifegradmodell der kundenorientierten Dienstleistungsentwicklung

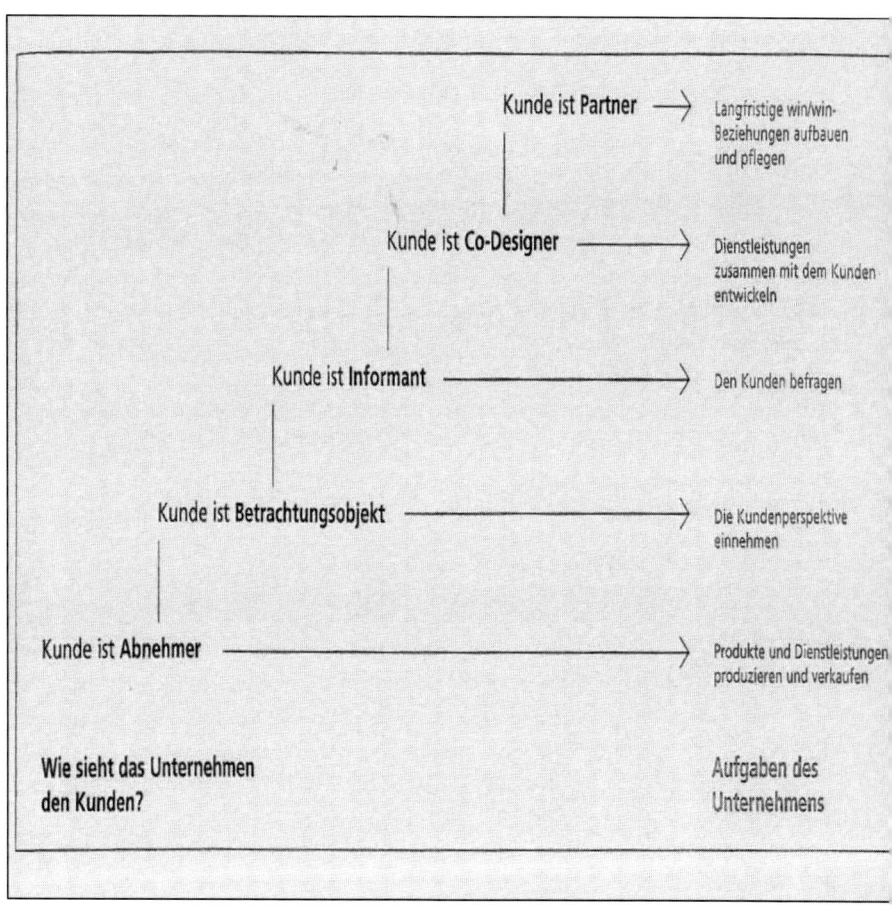

Quelle: Zahn 2004, S.71

9. Besonderheiten des B2B-Vertriebs und der Dienstleistungsbranche

9.1. Besonderheiten des B2B-Vertriebs

Business-to-Business betrachtet die Austauschbeziehungen zwischen Unternehmen. Unternehmen beschaffen hierbei Produkte und/oder Dienstleistungen mit dem Ziel, diese in den Wertschöpfungsprozess des eigenen Unternehmens einzubringen (vgl. *Auerbach* 1999, S. 12).

Ziel des B2B-Vertriebs ist, dass alle Aktivitäten eines Anbieters auf das Kaufverhalten des oder der gewerblichen Nachfrager auszurichten. Dadurch sollen gegenüber Wettbewerbern strategisch günstige Marktpositionen erreicht und Markttransaktionen erfolgreich abgewickelt werden (vgl. *Pepels* 1999, S. 7).

Als Charakteristikum für die Anbieterseite im B2B-Vertrieb ist die Tatsache anzusehen, dass sich das Angebot an einen identifizierten Markt richtet. Dabei werden die gesamten Vertriebsanstrengungen im Hinblick auf einen Kunden gerichtet. Dadurch gewinnt der persönliche Verkauf eine herausragende Bedeutung (vgl. *Backhaus / Voeth* 2007, S. 12).

Leistungen werden auf B2B-Märkten nicht von Konsumenten, sondern von produzierenden oder dienstleistenden Unternehmen bzw. Organisationen nachgefragt. Ein wesentliches Merkmal von B2B-Transaktionen ist, dass die von Anbietern offerierten Leistungen von den Nachfragern investiv oder produktiv verwendet werden. Dabei kommt es zu einer Verknüpfung von Wertschöpfungsprozessen: der Wertschöpfung des Anbieters sowie des Nachfragers (vgl. *Kleinaltenkamp* 2000, S. 339).

Folgende Merkmale sind typisch für B2B-Märkte:

- Abgeleiteter Bedarf: Die Nachfrage im jeweiligen Markt ist das Resultat aus der Nachfrage in konsumnäheren Märkten.
- Relativ kleine Anzahl potenzieller Nachfrager: Die geringe Anzahl potenzieller Nachfrager resultiert aus der Tatsache, dass man mit nachfragenden Organi-

sationen zu tun hat, die wiederum direkt oder indirekt Leistungen für Endverbraucher erbringen.
- Feste Geschäftsbeziehungen: Geschäftsbeziehungen in B2B-Märkten sind langfristig gewachsen und dauerhaft.
- Direkte Marktkontakte: Direkte Marktkontakte spielen auf Grund der geringen Zahl von Nachfragern und der großen Bedeutung einzelner Geschäftsbeziehungen bei organisationaler Beschaffung eine große Rolle.
- Fundierte und formalisierte Kaufentscheidungen: Organisationale Kaufentscheidungen fallen unter der Beteiligung einschlägig spezialisierter Fachleute. Es existieren festgelegte Regeln wie beispielsweise Entscheidungskriterien, Beteiligte etc. für den Prozessablauf. Beispiele für die Formalisierung sind Ausschreibungsverfahren, schriftliche Angebote und detaillierte Verträge.
- Mehr-Personen-Entscheidungen: Mehr-Personen-Entscheidungen spielen eine große Rolle bei organisationaler Beschaffung. Die an einer Kaufentscheidung teilnehmenden Personen können im Bezug auf fachliche Ausrichtung (kaufmännisch, technisch), hierarchische Einordnung (vom Sachbearbeiter bis zum Top-Manager) und persönliche Merkmale wie Alter, Ausbildung, etc. sehr heterogen sein.
- Lang dauernde Kaufentscheidungsprozesse: Die Beteiligung von mehreren Personen, die mit der Kaufentscheidung verbundene Lösung von Problemen und häufige Interaktionen zwischen Anbietern und Nachfragern führen zu einem lang dauernden organisationalen Kaufentscheidungsprozess.
- Verantwortung von Kaufentscheidungen: Die an Beschaffungsprozessen Beteiligten müssen in der Lage sein, ihre Vorgehensweise gegenüber Vorgesetzten und Kollegen zu begründen und zu rechtfertigen (vgl. *Kuß / Tomczak* 2007, S. 250f.).

9.2. *Besonderheiten der Dienstleistungsbranche*

9.2.1. Der Dienstleistungssektor

Der Dienstleistungssektor hat eine hohe Bedeutung in Österreich. Er trägt rund zwei Drittel zum Bruttoinlandsprodukt bei und bildet den am schnellsten wachsenden Wirtschaftssektor (vgl. www.austria.info 2008).

Dienstleistungsmärkte sind von einer hohen Intransparenz gekennzeichnet. Der Grund hierfür sind die heterogenen Bedürfnisse und die Individualität der Leistungen. Die Intransparenz erschwert den Vergleich konkurrierender Angebote sowie die Beschaffung von Kaufentscheidung absichernden Informationen (vgl. *Decker / Neuhaus* 2006, S. 184).

Der Dienstleistungssektor ist durch seine Heterogenität geprägt. Dienstleistungen müssen unterschiedlich ausgestaltet werden. Dies ist abhängig von der starken oder schwachen Integration des Kunden und davon, ob das Ergebnis materiell oder immateriell ist. Ebenso beeinflussend ist, ob der Prozess am Kunden oder an einem seiner Objekte durchgeführt wird (vgl. *Haller* 2005, S. 14).

Zu den typischen Dienstleistungen zählen Leistungen

- des Handels,
- des Transports und der Lagerung (Spediteure),
- der externen Datenverarbeitung,
- der Kommunikationsdienste (Medien, Telekommunikation),
- der Banken und Versicherungen,
- der Bewirtung und Beherbergung,
- des Gesundheitswesens,
- der Reinigung, Pflege, Wartung und Reparatur,
- der Bewachung und Sicherheit,
- der kulturellen Einrichtungen,
- der Planung, Forschung, Entwicklung und Konstruktion,
- der Rechts- und Unternehmensberatung,
- der Schulung und Weiterbildung,
- der Werbung und Öffentlichkeitsarbeit (vgl. *Hirschsteiner* 2006, S. 249f.).

Dienstleistungsunternehmen zeichnen sich durch eine enge Kundenbeziehung aus. Das persönliche Vertrauen besitzt hierbei einen hohen Stellenwert. Es steht auf Grund des direkten persönlichen Kontakts im Vordergrund. Das institutionelle Vertrauen bei Kunden und Lieferanten lässt sich über Standards und Kommunikationspolitik sowie einem positiven Image aufbauen. Weiters kann bei Dienstleistungen auch die geistige Transferleistung von persönlichem Vertrauen der Kunden und Lieferanten in den Verkäufer ursächlich für institutionelles Vertrauen sein. Der Verkäufer fungiert als Vorstufe für die Vertrauenswürdigkeit der Dienstleistungsorganisation (vgl. *Bouncken* 2000, S. 9f.).

Im Dienstleistungssektor sind der Aufbau und die dauerhafte Erhaltung von Geschäftsbeziehungen mit Kunden von besonderer Bedeutung für den Unternehmenserfolg. Geschäftsbeziehungen ermöglichen es dem Dienstleister, die negativen Konsequenzen von Qualitätsschwankungen zu reduzieren. Stabile Geschäftsbeziehungen ermöglichen dem Dienstleistungsanbieter zudem eine längerfristige Planung, die bei personalintensiven Dienstleistungen das Problem fehlender Kapazitätsspielräume bei schwankender Nachfrage entkräften kann (vgl. *Hennig-Thurau*, S. 135).

9.2.2. Besonderheiten von Dienstleistungen

Die erfolgreiche Entwicklung und Erbringung von Dienstleistungen erfordert eine Kombination der Kompetenzcluster Potenzial-, Prozess- und Ergebnis-Kompetenzen. Potenzial-Kompetenzen erkennt man beispielsweise am speziell qualifizierten Personal. Ein Beispiel für Prozess-Kompetenzen ist das Prozessmanagement der Kundenintegration. Beispielhaft für Ergebnis-Kompetenzen ist die Erbringung kundengerechter Leistungen (vgl. *Stanik* 2004, S. 21).

Eine Eigenheit von Dienstleistungen spiegelt das „uno-actu"-Prinzip wider. Es besagt, dass eine Leistung in dem Augenblick konsumiert wird, in dem sie produziert wird. Dabei erfolgt eine Synchronisation zwischen Produktion und Leistungsübertragung. Die Leistung vergeht im selben Moment, in dem sie entsteht und ist nicht lagerfähig. Weiters führt das „uno-actu"-Prinzip zu für Dienstleistungen charakteristischen Problemen wie die Unteilbarkeit und die Standortgebundenheit. Die fehlende Lagerfähigkeit wird als zentraler Problembereich angesehen. Diese stellt ein Produktivitätshemmnis dar und erschwert die Kapazitätsplanung im Hinblick auf den Ausgleich von Angebot und Nachfrage (vgl. *Haller* 2005, S. 8f.).

Die Dienstleistung ist nicht lagerfähig. Die Erstellung erfolgt, wenn der Kunde danach verlangt. Wichtige Voraussetzungen hierfür sind Flexibilität und Reaktionsschnelligkeit (vgl. *Fassnacht et al.* 2004, S. 390).

Der Dienstleistungserstellungsprozess zielt auf Veränderungen an bestehenden Objekten oder Menschen ab. Dabei ist die Integration eines externen Faktors wie beispielsweise die Einbeziehung des Dienstleistungskunden oder eines ihm gehörenden Objektes, zwingend notwendig. Der externe Faktor hat einen Mitbestimmungscharakter bei der Erstellung einer Dienstleistung. Somit hängt auch jedes Ergebnis eines Dienstleistungserstellungsprozesses von dem betreffenden Fremdfaktor ab. Der Fremdfaktor grenzt sich von anderen Faktoren dadurch ab, dass er für den

Dienstleistungsersteller nicht frei am Markt disponierbar ist. Er bleibt vor, während und nach dem Erstellungsprozess in der Verfügungsgewalt des Dienstleistungsabnehmers. Der Dienstleistungsanbieter hat auf den externen Faktor einzuwirken (vgl. *Meffert / Bruhn* 2006, S. 65).

Die Integration des externen Faktors bedeutet für den Anbieter, dass er nicht allein für die Leistungsqualität verantwortlich ist. Er hat die Möglichkeit seine internen Produktionsfaktoren zu optimieren. Jedoch liegt die Güte des externen Faktors außerhalb seines Einflussbereichs. Dies impliziert, dass der Nachfrager auf den Prozess einwirkt und diesen mitgestaltet. Aus diesem Grund ist eine Standardisierung und eine Qualitätskontrolle bei Dienstleistungen schwierig (vgl. *Haller* 2005, S. 8).

Interne Faktoren sind neben den menschlichen Arbeitsleistungen auch vom Beschaffungsmarkt bezogene Dienstleistungen und Informationen. Weiters sind Betriebsmittelnutzung, Hilfs- und Betriebsstoffe, sonstige immaterielle Realgüter sowie nominale Produktionsfaktoren zu nennen. Externe Faktoren sind materielle und immaterielle Güter des Abnehmers, seine Arbeitsleistung und Zeit (vgl. *Maleri / Frietzsche* 2008, S. 64).

Bei Dienstleistungen stehen die Mitarbeiter in direktem Kundenkontakt und lassen bewusst oder unbewusst ihre Denkhaltungen in die jeweilige Dienstleistung miteinfließen. Dadurch sind diese erkennbar und können einen großen Einfluss auf den Erfolg einer Dienstleistung ausüben. Aus diesem Grund wird die Serviceorientierung der Mitarbeiter im Kundenkontakt ersichtlich. Dies impliziert, dass die Serviceorientierung eine zentrale und unter Umständen sogar die tonangebende Rolle für den Erfolg einer Dienstleistung einnimmt (vgl. *Luczak* 2003, S. 15).

Das Dienstleistungsumfeld spielt eine große Rolle in der Wahrnehmung des Kunden von Unternehmensimage und Positionierung. Da es schwierig ist Dienstleistungsqualität objektiv zu betrachten, ziehen Kunden das Umfeld als Hinweis für die Dienstleistungsqualität heran. Ein gut gestaltetes Umfeld stimuliert den Kunden zum Kauf und steigert seine Zufriedenheit (vgl. *Lovelock / Wirtz* 2004, S. 304).

Tendenziell haben Dienstleistungen einen immateriellen Charakter. Die eigentliche Kernleistung ist nicht greifbar und somit intangibel. Weitere Merkmale von Dienstleistungen sind die Immaterialität, die Unteilbarkeit und die Vergänglichkeit. Bei der Leistungserstellung bedarf es der Beteiligung des Kunden (vgl. *Bruhn* 2008, S. 20-22).

9.2.3. Dienstleistungsmarketing

Unter dem Begriff Marketing versteht man einen Prozess im Wirtschafts- und Sozialgefüge, bei welchem Einzelpersonen und Gruppen ihre Bedürfnisse und Wünsche befriedigen. Dies geschieht durch das Erstellen, Anbieten und miteinander Austauschen von Produkten und anderen Leistungen (vgl. *Kotler et al.* 2007, S. 18).

Die Marketinginstrumente werden in vier Ps eingeteilt. Diese lauten Product, Price, Place und Promotion (vgl. *Kotler et al.* 2007, S. 26).

Im Dienstleistungsmarketing werden die klassischen vier Ps um drei weitere Ps ergänzt. Diese lauten People, Process und Physical Evidence.

People (Personen, Menschen) sind ein wichtiges Element bei der Ausführung von Dienstleistungen. Im Speziellen sind hierbei Personen – also Mitarbeiter – gemeint, die direkten Kundenkontakt haben. Die Mitarbeiter müssen gut ausgebildet sein und ein freundliches Auftreten beim Umgang mit den Kunden haben.

Process (Prozess) bezieht sich auf die Dienstleistungserstellung und das Anbieten der Dienstleistung beim Kundenkontakt. Konsistenz und Qualität der Dienstleistung muss gut geplant und durchgeführt werden.

Physical Evidence (Physische Beweismittel) ist auf Grund der Intangibilität von Dienstleistungen inkludiert. Das Marketing muss die Beschaffenheit der angebotenen Dienstleistung aufzeigen. Dies sollte Kunden durch Qualitätslevel, Ausstattung und physische Einrichtungen kommuniziert werden (vgl. *Jobber / Lancaster* 2006, S. 131f.).

10. Empirische Untersuchung

Abbildung 11: Der empirische Steckbrief

Erhebungsart:	Experteninterviews
Erhebungsform:	persönlich oder telefonisch
Erhebungsinstrument:	Interviewleitfaden mit offenen Fragen
Grundgesamtheit:	Experten zum Thema Serviceorientierung innerhalb des persönlichen Verkaufs in der Dienstleistungsbranche
Experten:	Vorstände bzw. Geschäftsführer, Leitung Marketing bzw. Vertrieb
Anzahl Experten:	21
Erhebungszeitraum:	November bis Dezember 2008
Auswertung:	1. Häufigkeitsbildung nach *Mayring* 2. Auswertung nach *Meuser / Nagel*

Quelle: Eigene Darstellung

10.1. Untersuchungsdesign

10.1.1. Art, Form und Instrument der Erhebung

Das Leitfadeninterview ist charakterisierbar als ein Typ nicht standardisierter Interviews. Die Grundlage des Gesprächs bildet eine vom Interviewer vorbereitete Liste offener Fragen (der Leitfaden). Diese Interviewform ist empfehlenswert, wenn mehrere unterschiedliche Themen in einem Interview behandelt werden müssen. Die unterschiedlichen Themen sind durch das Untersuchungsziel und nicht durch die Antworten des Interviewpartners bestimmt. Ebenso empfiehlt sich diese Interviewform, wenn einzelne, genau bestimmbare Informationen im Interview erhoben werden müssen (vgl. *Gläser / Laudel* 2006, S. 107).

Das Experteninterview dient der Rekonstruktion eines sozialen Prozesses. Aus diesem Grund werden sie in der Regel als leitfadengestützte Interviews geführt (vgl. *Gläser / Laudel* 2006, S. 107).

In der Sozialforschung haben Experteninterviews eine hohe Bedeutung. Im Gegensatz zu zeitlich und ökonomisch aufwendigen Erhebungsformen wie Beobachtung,

Feldstudie und quantitative Untersuchung, ermöglicht das Experteninterview eine konkurrenzlos dichte Gewinnung von Daten (vgl. *Bogner / Menz* 2005a, S. 7).

Die leidfadenorientierte Gesprächsführung schränkt das Interview auf das Interesse des Forschers ein. Es orientiert sich am Expertenstatus des Gesprächspartners. Der Leitfaden macht den Forscher mit den Themen vertraut und stellt die Offenheit des Interviewverlaufs sicher (vgl. *Meuser / Nagel* 2005, S. 77f.).

Die Interviews wurden mit Hilfe eines Leitfadens durchgeführt. Dieser ist im Anhang beigefügt. Jedes einzelne Gespräch erfolgte mündlich und wurde auf einem Tonband aufgezeichnet. 19 Gespräche fanden im Unternehmen des Experten statt und zwei Interviews wurden auf Wunsch telefonisch durchgeführt.

10.1.2. Definition und Auswahl des Experten

Der Inhalt von Interviews ist von zwei Determinanten geprägt. Diese sind das Ziel der Untersuchung und die Auswahl von Interviewpartnern. Letztere entscheidet über die Qualität der Informationen, die man erhält (vgl. *Gläser / Laudel* 2006, S. 113).

Der Experte hat technisches, Prozess- und Deutungswissen. Dieses weist auf sein spezifisches professionelles oder berufliches Handlungsfeld hin. Dies impliziert, dass Expertenwissen nicht allein aus systematisiertem, reflexiv zugänglichem Fach- oder Sonderwissen besteht. Großteils besitzt es den Charakter von Praxis- und Handlungswissen. Darin können individuelle Entscheidungsregeln, kollektive Orientierungen und soziale Deutungsmuster einfließen. Auf Grund des Expertenwissens und der Handlungsorientierungen besitzt der Experte die Möglichkeit der Durchsetzung seiner Orientierungen (vgl. *Bogner / Menz* 2005b, S.46).

Entscheidend für die Expertenschaft sind nicht die exklusiven Informationen, welche der Experte besitzt, sondern darüber hinaus die Verantwortung für problemlösungsbezogene Entscheidungen. Da der Experte als letzte Instanz die Verantwortung für Erkenntnis und Lösung von Problemen trägt, geht seine Expertenkompetenz über exklusive Fähigkeiten und besondere Fertigkeiten hinaus (vgl. *Pfadenhauer* 2005, S. 116).

10.1.3. Zeitraum der Erhebung

Zur Durchführung der Experteninterviews wurde zu Beginn die Zielgruppe festgelegt. Diese bestand aus Vorständen bzw. Geschäftsführern sowie Vertriebsleitern und Beteiligten am Einkaufsprozess. Diese mussten als Voraussetzung exklusives Wissen über die Serviceorientierung innerhalb des persönlichen Verkaufs verfügen. Insgesamt wurden 35 Experten aus verschiedenen Dienstleistungsbranchen im Oktober 2008 per E-Mail und/oder telefonisch kontaktiert. Dadurch gelang es 21 Experten als Interviewpartner zu gewinnen (vgl. Abb. 12).

Abbildung 12: Expertenübersicht

Experte	Branche	Funktion
Experte 1	Logistik	Direktor
Experte 2	Bildung	Leitung Marketing & Sales
Experte 3	Werbung	Geschäftsführer
Experte 4	Medizintechnik	Geschäftsführer
Experte 5	Sicherheit	Geschäftsführer
Experte 6	Bildung	Prokurist
Experte 7	Steuerberatung	Geschäftsführer
Experte 8	Versicherung	Leitung Marketingforschung
Experte 9	Technischer Handel	Geschäftsführer
Experte 10	Bankwesen	Vertriebsleitung
Experte 11	Bankwesen	Vertriebsleitung
Experte 12	Telekommunikation	Vorstand Marketing und Vertrieb
Experte 13	Technischer Handel	Leitung Marketing & Sales
Experte 14	Nahrungs- und Genussmittel	Verkaufsdirektion bzw. Verkaufsleitung (2 Personen)
Experte 15	Versicherung	Vertriebsleitung
Experte 16	Consulting	Geschäftsführer
Experte 17	IT-Dienstleistungen	Vertriebsleitung
Experte 18	Logistik	Vertriebsleitung
Experte 19	Postdienstleistung	Leitung Vertriebssteuerung
Experte 20	Telekommunikation	Vorstand Marketing und Vertrieb
Experte 21	Automobilzulieferindustrie	Executive Customer Manager

Quelle: Eigene Darstellung

Jeweils sieben Experten haben die Funktion des Geschäftsführers oder des Vertriebsleiters inne. Je zwei Experten fungieren als Vorstand Marketing & Vertrieb bzw. Leitung Markering & Sales in ihrem Unternehmen. Jeweils ein Experte nimmt die Stellung des Prokuristen, der Leitung Marketingforschung, der Leitung Vertriebssteuerung bzw. des Executive Customer Managers ein. Mit jeweils zwei Experten waren die Branchen Logistik, Bildung, Versicherung, Technischer Handel, Bankwesen und Telekommunikation am häufigsten vertreten. Bei einem Interview waren zwei Experten beteiligt.

Die Durchführung der Experteninterviews basierte auf Zusicherung der Anonymität. Die Gespräche dauerten zwischen 15 und 45 Minuten. Der vordefinierte Erhebungszeitraum von November bis Dezember 2008 wurde eingehalten.

10.1.4. Auswertung der Experteninterviews

Aufbauend auf die Transkription der Expertengespräche im Dezember 2008, erfolgte im Jänner 2009 die Zusammenfassung der Expertengespräche. Diese bildeten die Basis für die weitere Auswertung. Es wurden zwei unterschiedliche Auswertungsverfahren gewählt.

Das Ziel der Auswertung ist die Beantwortung der empirischen Frage. Es werden der Fall bzw. die Fälle rekonstruiert um die Kausalzusammenhänge und -mechanismen des Untersuchungsgegenstandes aufzuklären (vgl. *Gläser / Laudel* 2006, S. 240).

Es wird zur quantitativen Bildung von Häufigkeiten die qualitative Inhaltsanalyse nach *Mayring* verwendet. Die Ergebnisse werden mittels quantitativer Analyse in Form von Häufigkeiten der Kategorien dargestellt.

Für die qualitative Inhaltsanalyse ist die induktive Kategorienbildung empfehlenswert. Dabei werden die Kategorien direkt aus dem Material in einem Verallgemeinerungsprozess abgeleitet. Dieses Vorgehen nimmt keinen Bezug zu vorab formulierten Theoriekonzepten (vgl. Abb. 13) (vgl. *Mayring* 2007, S. 75).

Für die qualitativen Auswertungen der Experteninterviews wurde nach einem Modellvorschlag von *Meuser / Nagel* vorgegangen. Dieses Modell fokussiert auf das Kontextwissen der Experten. Die Darstellung der Ergebnisse erfolgt durch ein enges Beschreiben.

Abbildung 13: Prozessmodell induktiver Kategorienbildung

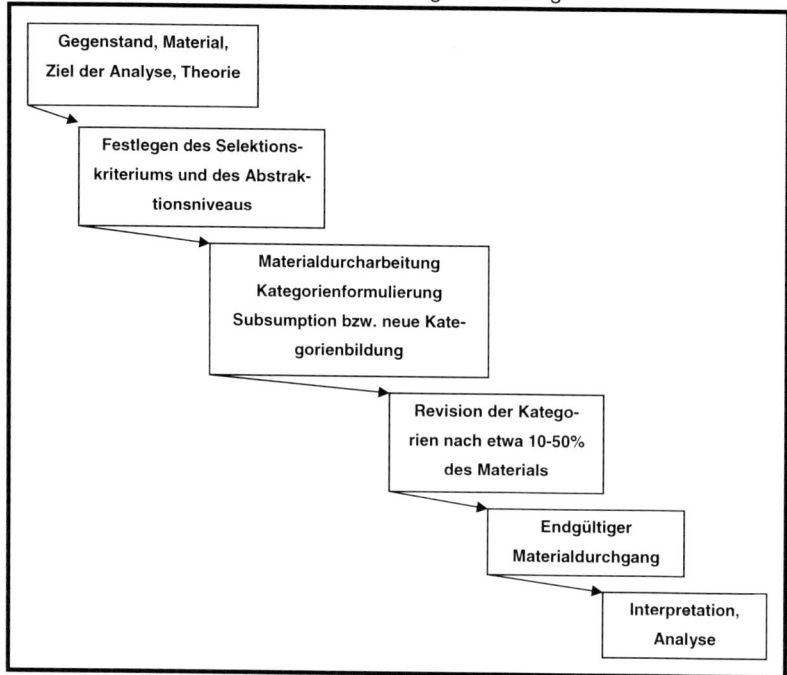

Quelle: in Anlehnung an *Mayring* 2007, S. 75

Das Ziel dieser Auswertungsmethode ist die Vergleichbarkeit von Texten. Diese dient der Ausarbeitung von Gemeinsamkeiten und Unterschieden. Sie besteht aus sechs Auswertungsschritten. Zu Beginn erfolgen die Transkription und die Paraphrase. Als dritter Schritt werden Überschriften gebildet gefolgt vom thematischen Vergleich, bei dem Passagen aus verschieden Interviews zusammengestellt werden. Dieser folgt die soziologische Konzeptualisierung. Dabei geschieht eine Ablösung von den Texten und der Terminologie des Experten. Den letzten Schritt bildet der theoretische Vergleich mit den empirischen Ergebnissen (vgl. Abb. 14) (vgl. *Meuser / Nagel* 2005, S. 83-89).

Abbildung 14: Die sechs Schritte der Auswertungsstrategie nach *Meuser / Nagel*

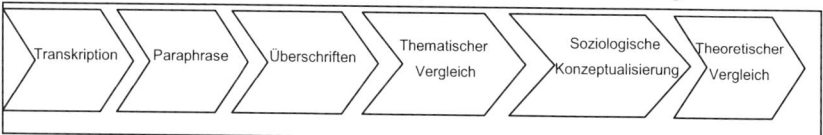

Quelle: in Anlehnung an *Meuser / Nagel* 2005, S. 83-89

10.2. Darstellung der Ergebnisse

10.2.1. Qualitative Inhaltsanalyse mittels induktiver Kategorienbildung nach *Mayring*

10.2.1.1. Stellenwert des persönlichen Verkaufs im Unternehmen

Abbildung 15: Stellenwert des persönlichen Verkaufs im Unternehmen

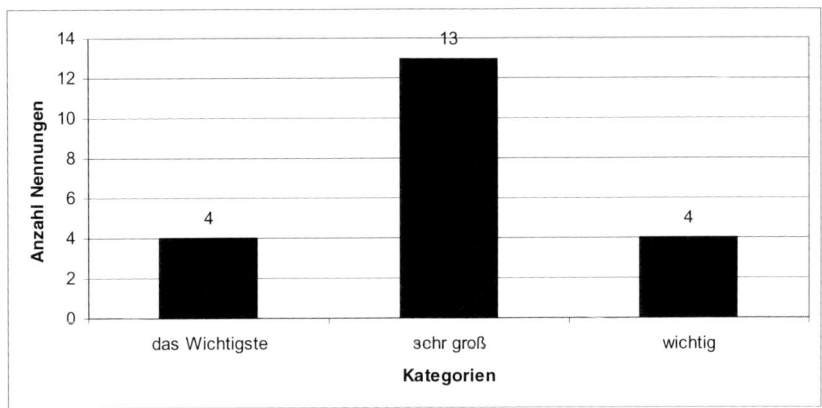

Quelle: Eigene Darstellung

Die häufigsten Unternehmen messen dem persönlichen Verkauf eine sehr große Bedeutung zu (13 Nennungen). In je vier Unternehmen ist der persönliche Verkauf das Wichtigste bzw. wichtig.

10.2.1.2. Zukünftige Kompetenzen des Verkäufers in der Dienstleistungsbranche

Abbildung 16: Zukünftige Kompetenzen des Verkäufers in der Dienstleistungsbranche

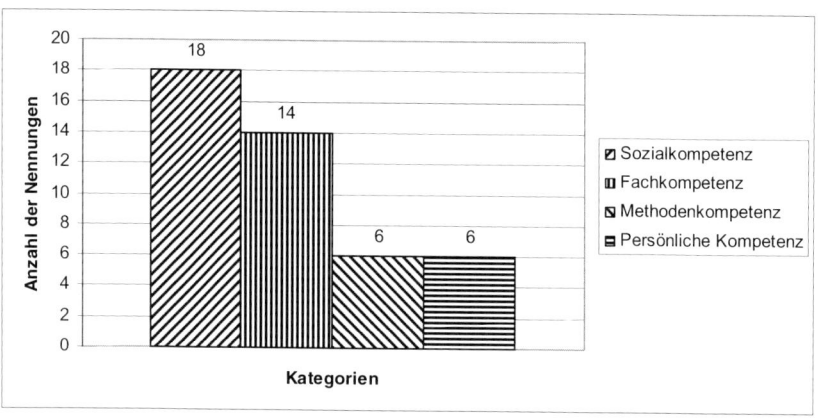

Quelle: Eigene Darstellung

Die Antworten enthalten Mehrfachnennungen pro Experten. Am häufigsten wurde die Sozialkompetenz genannt (18 Nennungen). Hierzu zählen der Aufbau von Beziehungen, Empathie, Zuhören und das Lösen von Problemen. Als Fachkompetenzen nannten die Experten Beratung und Know-how. Zu den Methodenkompetenzen zählen das Verkaufen von Gefühlen, die Sprache des Kunden zu sprechen, die Überzeugungskraft sowie vernetztes und strategisches Denken. Persönliche Kompetenzen sind Selbst- und Zeitmanagement, Motivation, Flexibilität, Ehrlichkeit, Offenheit, Verlässlichkeit und Kreativität.

10.2.1.3. Image der Dienstleistungsbranche und dessen Gründe

10.2.1.3.1. Image der Dienstleistungsbranche

Abbildung 17: Image der Dienstleistungsbranche

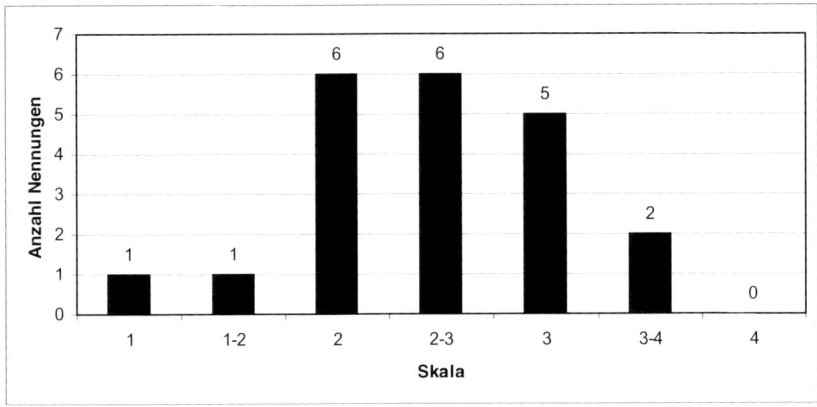

Quelle: Eigene Darstellung

Die Bewertung des Images der Dienstleistungsbranche erfolgte auf Basis einer vierteiligen Skala (1 = sehr gut, 2 = gut, 3 = schlecht, 4 = sehr schlecht). Je ein Experte schätzte das Image der Dienstleistungsbranche als sehr gut bzw. gut ein. Jeweils sechs Experten befinden das Image als gut bzw. gut bis schlecht. Fünf Experten schätzen das Image als schlecht ein. Für 2 Experten ist das Image zwischen schlecht und sehr schlecht.

10.2.1.3.2. Gründe für das Image der Dienstleistungsbranche

Abbildung 18: Gründe für das Image der Dienstleistungsbranche

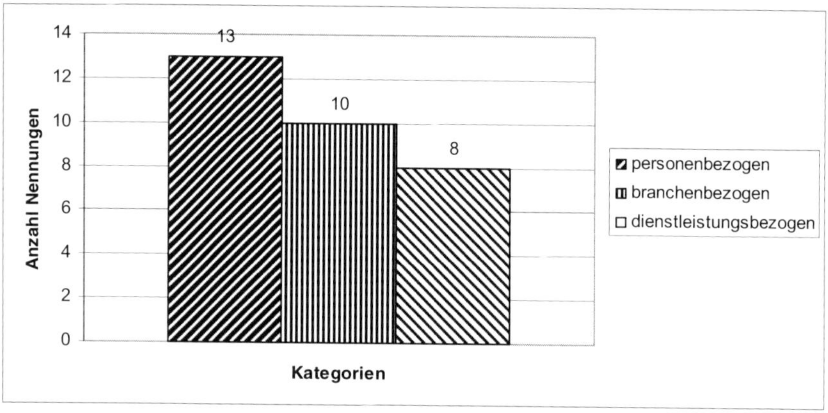

Quelle: Eigene Darstellung

Die Antworten inkludieren Mehrfachnennungen pro Experten. Am häufigsten werden personenbezogene Gründe genannt (13 Nennungen). Zehn Experten führen das Image auf branchenbezogene Gründe zurück. Acht Nennungen entfallen auf dienstleistungsbezogene Gründe.

10.2.1.4. Generelles Image des persönlichen Verkaufs in der Branche und dessen Gründe

10.2.1.4.1. Generelles Image des persönlichen Verkaufs in der Branche

Abbildung 19: Generelles Image des persönlichen Verkaufs in der Branche

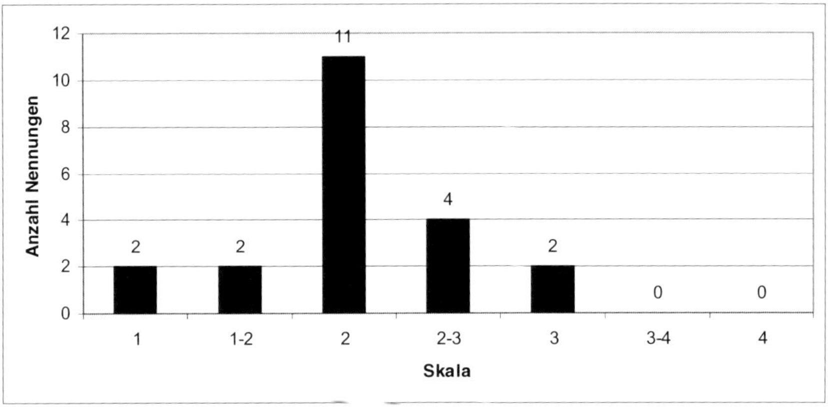

Quelle: Eigene Darstellung

Die Bewertung des Images des persönlichen Verkaufs in der Branche erfolgte auf Basis einer vierteiligen Skala (1 = sehr gut, 2 = gut, 3 = schlecht, 4 = sehr schlecht). Je zwei Experten befinden das Image des persönlichen Verkaufs in der Branche als sehr bzw. zwischen sehr gut und gut. Die meisten Experten schätzen das Image als gut ein (11 Nennungen). Vier Experten beurteilen das Image zwischen gut und schlecht ein. Zwei Experten vertreten die Meinung, dass das Image schlecht ist. Kein Experte bezeichnete das Image als sehr schlecht.

10.2.1.4.2. Gründe für das generelle Image des persönlichen Verkaufs in der Branche

Abbildung 20: Gründe für das generelle Image des persönlichen Verkaufs in der Branche

[Balkendiagramm: Anzahl Nennungen nach Kategorien — personenbezogen: 14; Qualität der Kundenbeziehung: 10; Kundenorientierung: 6; wirtschaftlich: 2; psychologisch: 1]

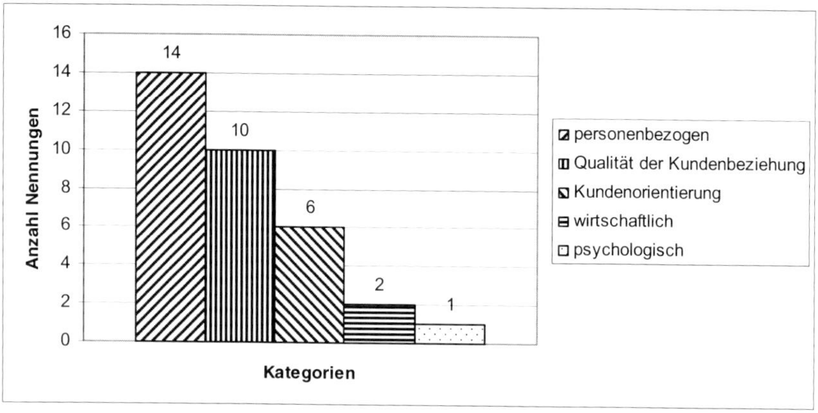

Eigene Darstellung

Die Antworten beinhalten Mehrfachnennungen pro Experten. Personenbezogene Gründe wurden am häufigsten genannt (14 Nennungen). Zehn Experten geben die Qualität der Kundenbeziehung als Grund für das Image des persönlichen Verkaufs in der Branche an. Sechs Experten sehen die Gründe in der Kundenorientierung. Weniger oft wurden wirtschaftliche und psychologische Gründe genannt.

10.2.1.5. Image der Mitarbeiter im Kundenkontakt und dessen Gründe

10.2.1.5.1. Image der Mitarbeiter im Kundenkontakt

Abbildung 21: Image der Mitarbeiter im Kundenkontakt

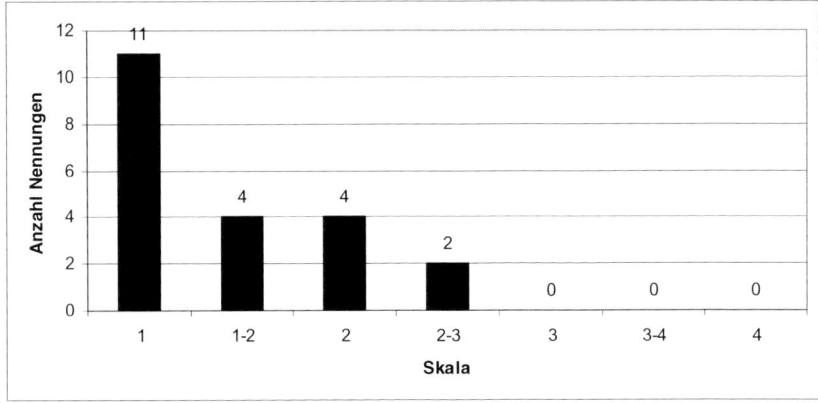

Quelle: Eigene Darstellung

Die Bewertung des Images der Mitarbeiter im Kundenkontakt erfolgte auf Basis einer vierteiligen Skala (1 = sehr gut, 2 = gut, 3 = schlecht, 4 = sehr schlecht). Die meisten Experten schätzen das Image der eigenen Mitarbeiter im Kundenkontakt als sehr gut ein. Je vier Experten befinden das Image als sehr gut bis gut bzw. gut. Zwei Experten beurteilen das Image als gut bis schlecht. Keine Nennung entfiel auf schlecht, schlecht bis sehr schlecht bzw. sehr schlecht.

10.2.1.5.2. Gründe für das Image der Mitarbeiter im Kundenkontakt

Abbildung 22: Gründe für das Image der Mitarbeiter im Kundenkontakt

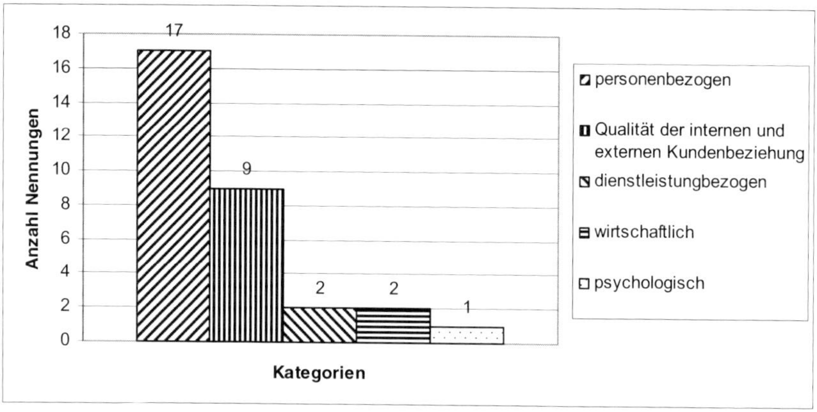

Quelle: Eigene Darstellung

Die Antworten enthalten Mehrfachnennungen pro Experten. Am häufigsten wurden personenbezogene Gründe angegeben (17 Nennungen). Neun Experten führen das Image der eigenen Mitarbeiter im Kundenkontakt auf die Qualität der internen und externen Kundenbeziehung zurück. Jeweils zwei Experten führen dienstleistungsbezogene und wirtschaftliche Gründe an. Ein Experte gibt psychologische Gründe an.

10.2.1.6. Konkrete Maßnahmen zur Imageverbesserung / Aufrechterhaltung des Images

Abbildung 23: Konkrete Maßnahmen zur Imageverbesserung / Aufrechterhaltung des Images

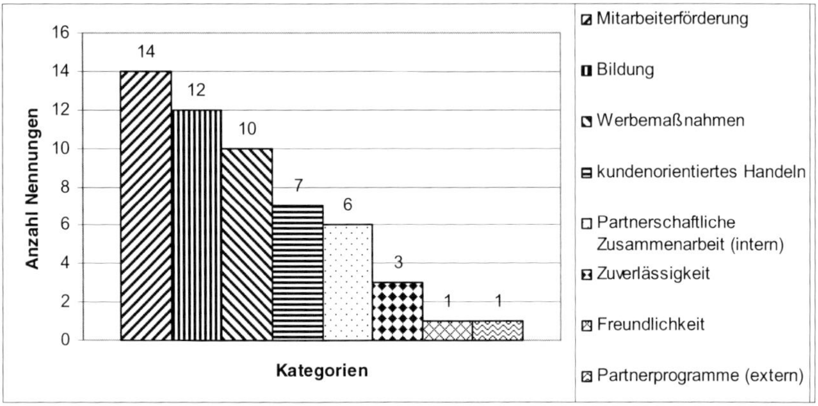

Quelle: Eigene Darstellung

Die Antworten inkludieren Mehrfachnennungen pro Experten. Am häufigsten wurden Maßnahmen zur Förderung der Mitarbeiter genannt (14 Nennungen). Zwölf Unternehmen setzen auf Bildung. Zehn Unternehmen nannten Werbemaßnahmen. Sieben Experten sehen kundenorientiertes Handeln als konkrete Maßnahme an. Die interne partnerschaftliche Zusammenarbeit wurde von sechs Experten angegeben. Drei Experten setzen auf Zuverlässigkeit. Jeweils eine Nennung entfiel auf Freundlichkeit und externe Partnerprogramme.

10.2.1.7. Beurteilung der Effizienz des Vertriebs im Unternehmen

Abbildung 24: Beurteilung der Effizienz des Vertriebs im Unternehmen

Kategorien	Anzahl Nennungen
sehr effizient	3
effizient	6
steigerungsfähig	13
schlecht	1
Effizienz steht nicht im Vordergrund	1
Vertrieb wird in Effektivität gemessen	1

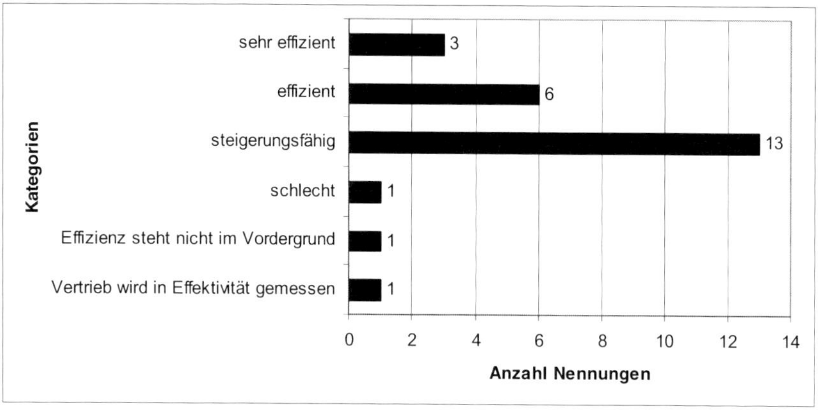

Quelle: Eigene Darstellung

Die Antworten beinhalten Mehrfachnennungen pro Experten. Drei Experten beurteilen die Effizienz des eigenen Vertriebs als sehr effizient. Sechs Unternehmen haben einen effizienten Vertrieb. Die meisten Experten sehen die Effizienz des Vertriebs als steigerungsfähig an (13 Nennungen). Ein Experte schätzt die Effizienz als schlecht ein. Für einen Experten steht die Effizienz nicht im Vordergrund. Ein Experte gab an, dass die Vertriebseffizienz in Effektivität gemessen wird.

10.2.1.8. Konkrete Maßnahmen im Unternehmen zur Steigerung der Effizienz im Vertrieb

Abbildung 25: Konkrete Maßnahmen im Unternehmen zur Steigerung der Effizienz im Vertrieb

[Balkendiagramm mit folgenden Werten:
- Prozessoptimierung: 9
- Einsatz von IT-Systemen: 6
- Partnerschaftliche Zusammenarbeit (intern): 6
- Zielvorgabe und Performancemessung: 6
- Bildungsmaßnahmen: 3
- Bildung von Kundenclustern: 2
- Internationale Unternehmenserweiterung: 2
- Einstellen von neuen Mitarbeitern: 1
- Kundennähe: 1

Y-Achse: Anzahl Nennungen; X-Achse: Kategorien]

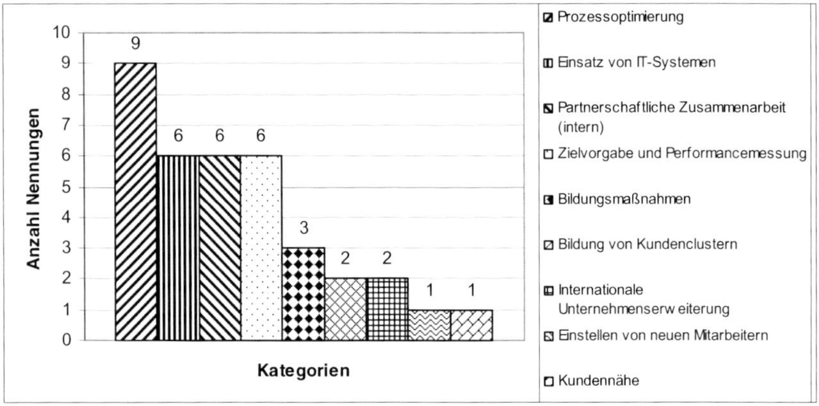

Quelle: Eigene Darstellung

Die Antworten enthalten Mehrfachnennungen pro Experten. Am häufigsten wurden Prozessoptimierungsmaßnahmen genannt (neun Nennungen). Jeweils sechs Experten führen den Einsatz von IT-Systemen und die interne partnerschaftliche Zusammenarbeit als konkrete Maßnahmen zur Steigerung der Effizienz im Vertrieb an. In fünf Unternehmen besteht die Maßnahme aus Zielvorgaben und Performancemessung. Drei Experten führen Bildungsmaßnahmen durch. Je zwei Unternehmen bilden Kundencluster und setzen auf internationale Unternehmenserweiterung. Je eine Nennung entfällt auf das Einstellen von neuen Mitarbeitern sowie Kundennähe.

10.2.1.9. Beteiligte Personen beim Einkauf einer Dienstleistung

Abbildung 26: Beteiligte Personen beim Einkauf einer Dienstleistung

[Balkendiagramm: unterschiedlich 11, 1-3 Personen 11, mehrere Personen 6, zentraler Einkauf 2, keine Angabe 2; y-Achse: Anzahl Nennungen; x-Achse: Kategorien]

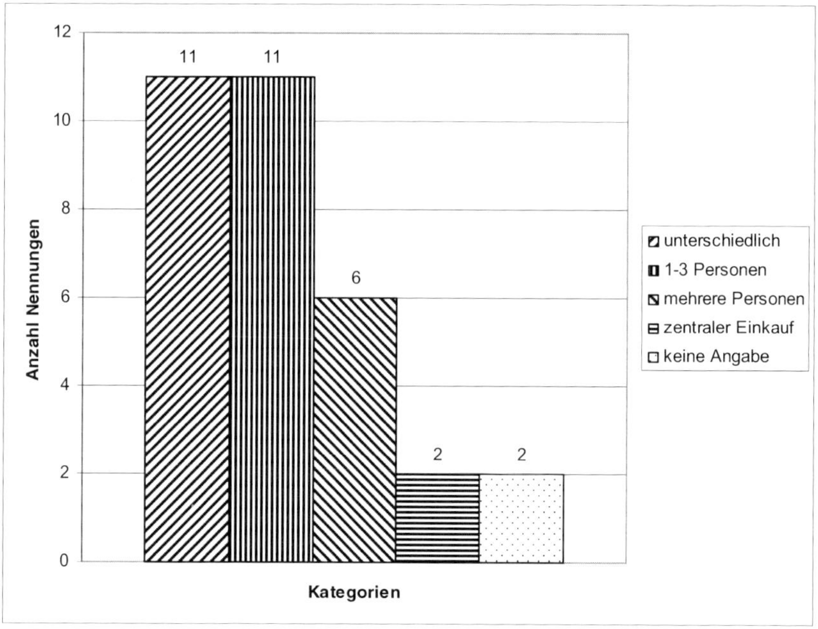

Quelle: Eigene Darstellung

Die Antworten beinhalten Mehrfachnennungen pro Experten. Am häufigsten sind in den Unternehmen unterschiedlich viele bzw. ein bis drei Personen am Einkauf einer Dienstleistung beteiligt (je elf Nennungen). In sechs Unternehmen sind mehrere Personen innerhalb des Kaufentscheidungsprozesses involviert. Zwei Experten zeigen auf, dass der Einkauf zentral geregelt ist. Zwei Experten konnten keine eindeutige Antwort geben.

10.2.1.10. Rolle des Einkäufers im Unternehmen

Abbildung 27: Rolle des Einkäufers im Unternehmen

Kategorie	Anzahl Nennungen
Durchführung der Entscheidung	4
Entscheidet mit	5
Vorbereitende Rolle	9
Keine Antwort	7

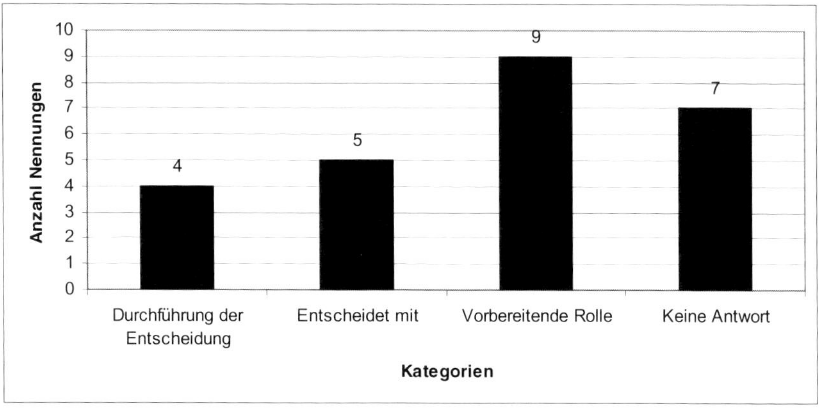

Quelle: Eigene Darstellung

Die Antworten inkludieren Mehrfachnennungen pro Experten. Am häufigsten hat der Einkäufer eine vorbereitende Rolle inne (neun Nennungen). In fünf Unternehmen entscheidet der Einkäufer mit. Die Durchführung der Entscheidung obliegt den Einkäufern in vier Unternehmen. Sieben Experten konnten keine eindeutige Antwort geben.

10.2.1.11. Erwartungen des Einkäufers an den Verkäufer

Abbildung 28: Erwartungen des Einkäufers an den Verkäufer

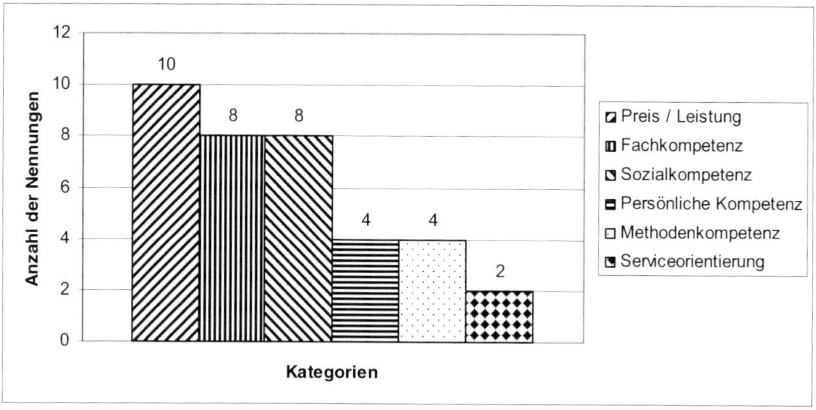

Quelle: Eigene Darstellung

Die Antworten enthalten Mehrfachnennungen pro Experten. Die höchste Erwartung der Einkäufer betrifft den Preis und die Leistung (zehn Nennungen). In acht Unternehmen erwartet der Einkäufer Fachkompetenz von den Verkäufern. Die Sozialkompetenz wurde von sieben Experten angeführt Je vier Experten wünschen sich Methoden- und persönliche Kompetenz. Serviceorientierung wollen zwei Experten.

10.2.1.12. Definition von Serviceorientierung

Abbildung 29: Die Komponenten der Definition von Serviceorientierung

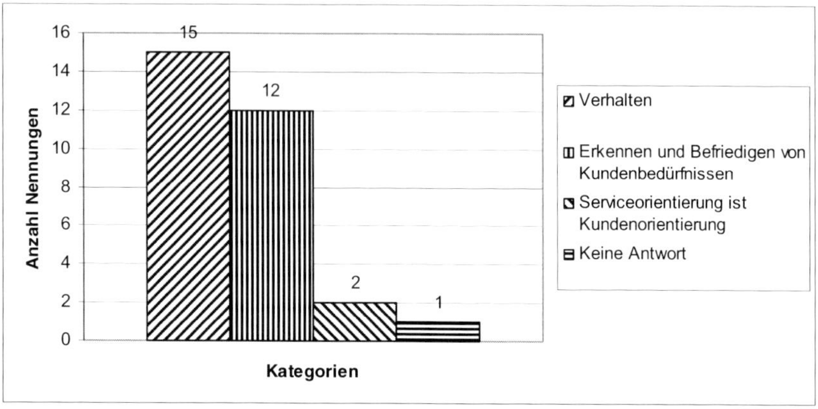

Quelle: Eigene Darstellung

Die Antworten beinhalten Mehrfachnennungen pro Experten. Die Verhaltenskomponente der Serviceorientierung wurde am häufigsten genannt (15 Nennungen). Das Erkennen und Befriedigen von Kundenbedürfnissen ist ein häufig genannter Bestandteil. Zwei Experten vertreten die Meinung, dass Serviceorientierung mit Kundenorientierung gleichzusetzen ist. Ein Experte gab keine eindeutige Antwort.

10.2.1.13. Bedeutung der Serviceorientierung innerhalb des persönlichen Verkaufs und Auswirkung von serviceorientiertem Handeln auf das Image des persönlichen Verkaufs

10.2.1.13.1. Bedeutung der Serviceorientierung innerhalb des persönlichen Verkaufs

Abbildung 30: Bedeutung der Serviceorientierung innerhalb des persönlichen Verkaufs

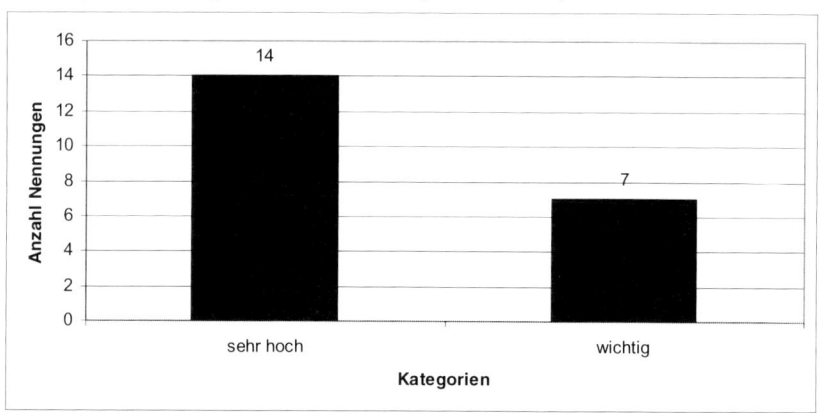

Quelle: Eigene Darstellung

Vierzehn Experten sind der Meinung, dass die Bedeutung der Serviceorientierung innerhalb des persönlichen Verkaufs sehr hoch ist. Als wichtig wurde die Bedeutung von sieben Experten eingestuft.

10.2.1.13.2. Auswirkung von serviceorientiertem Handeln auf das Image des persönlichen Verkaufs

Abbildung 31: Auswirkung von serviceorientiertem Handeln auf das Image des persönlichen Verkaufs

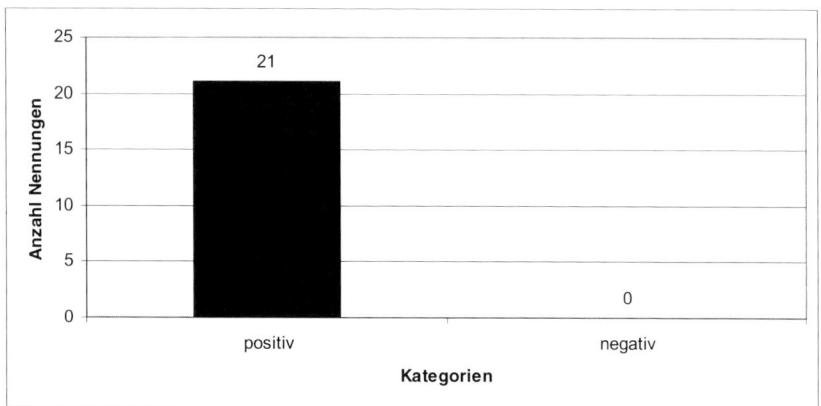

Quelle: Eigene Darstellung

Die Experten sind sich einig, dass serviceorientiertes Handeln eine positive Auswirkung auf das Image des persönlichen Verkaufs hat.

10.2.1.14. Bekanntheit des Clienting-Begriffs

Abbildung 32: Ist Ihnen der Begriff Clienting bekannt?

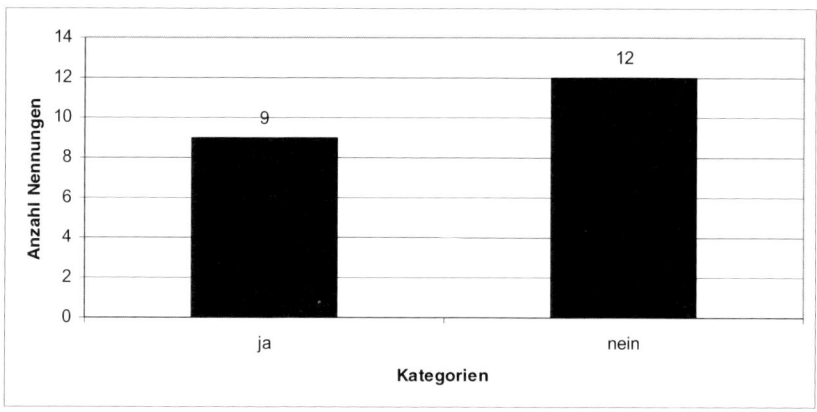

Quelle: Eigene Darstellung

Neun Experten kannten den Clienting-Begriff. Zwölf Experten verneinten dies.

10.2.1.15. Beurteilung des Clienting-Impulses für das eigene Unternehmen

Abbildung 33: Beurteilung des Clienting-Impulses für das eigene Unternehmen

Kategorien	Anzahl Nennungen
sehr gut	16
gut	3
zweifelhaft	2

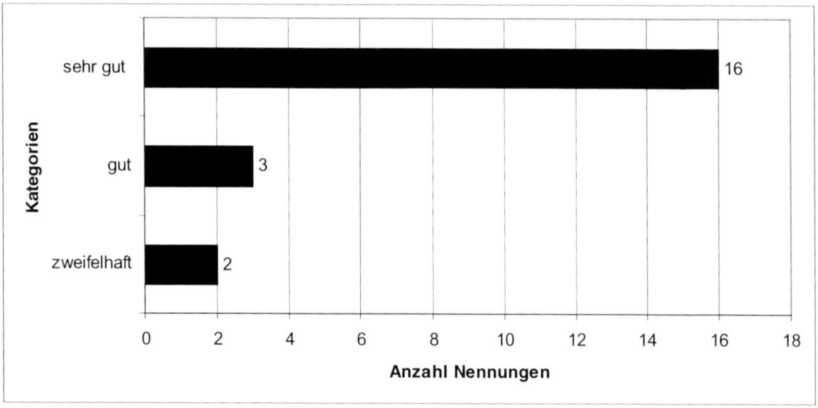

Quelle: Eigene Darstellung

Die Mehrheit der Experten beurteilt den Clienting-Impuls als sehr gut. Als gut wurde der Impuls von drei Experten bewertet. Zwei Experten äußerten Zweifel.

10.2.1.16. Auswirkung von partnerschaftlichem Handeln auf das Image des persönlichen Verkaufs

Abbildung 34: Auswirkung von partnerschaftlichem Handeln auf das Image des persönlichen Verkaufs

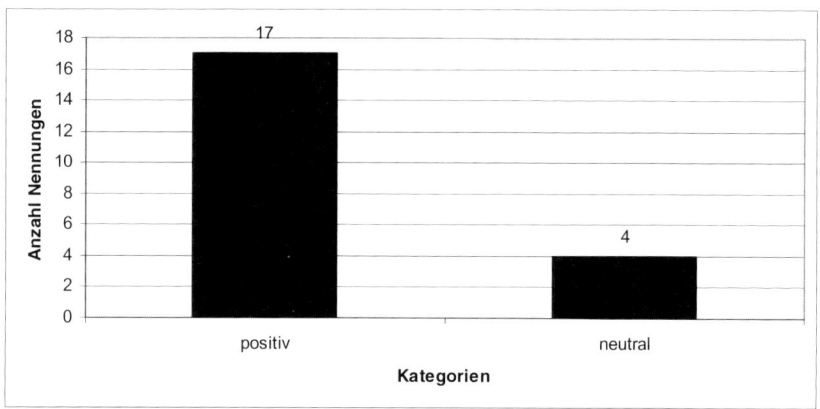

Quelle: Eigene Darstellung

Die Mehrheit der Experten ist der Meinung, dass sich partnerschaftliches Handeln positiv auf das Image des persönlichen Verkaufs auswirkt. Vier Experten bezogen eine neutrale Stellung.

10.2.1.17. Verbindung Serviceorientierung – Partnerschaftliches Handeln – Effizienz des Vertriebs

Abbildung 35: Verbindung Serviceorientierung - Partnerschaftliches Handeln - Effizienz des Vertriebs

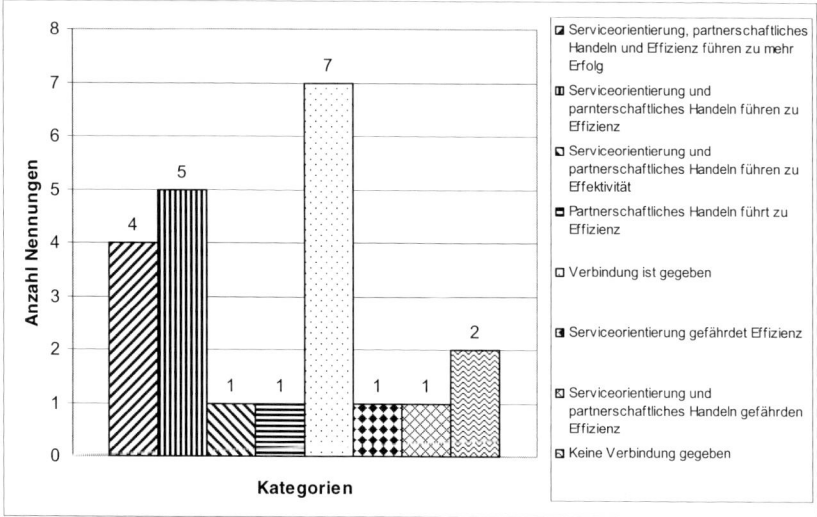

Quelle: Eigene Darstellung

Die Antworten inkludieren Mehrfachnennungen pro Experten. Vier Experten denken, dass Serviceorientierung, partnerschaftliches Handeln und Effizienz zu mehr Erfolg führen. Fünf Experten meinen, dass Effizienz aus Serviceorientierung und partnerschaftlichem Handeln resultiert. Ein Experte gibt an, dass Serviceorientierung und partnerschaftliches Handeln zu Effektivität führen. Ein Experte vertritt die These, dass nur partnerschaftliches Handeln Effizienz ergibt. Sieben Experten sind sich einig, dass eine Verbindung gegeben ist. Je ein Experte sieht in Serviceorientierung bzw. in Serviceorientierung und partnerschaftlichem Handeln eine Gefahr für die Effizienz des Vertriebs. Für zwei Experten ist keine Verbindung gegeben.

10.2.1.18. Besonderheiten des B2B-Vertriebs

Abbildung 36: Besonderheiten des B2B-Vertriebs

[Balkendiagramm mit folgenden Werten:
- hohe Anforderungen an Verkäufer: 15
- komplexe Prozesse: 7
- Partnerschaftliche Zusammenarbeit: 4
- Abhängigkeit von (wenigen) Kunden: 2
- wenig Einfluss von E-Commerce: 1
- Rechtliche Situation: 1

Y-Achse: Anzahl Nennungen (0–16)
X-Achse: Kategorien]

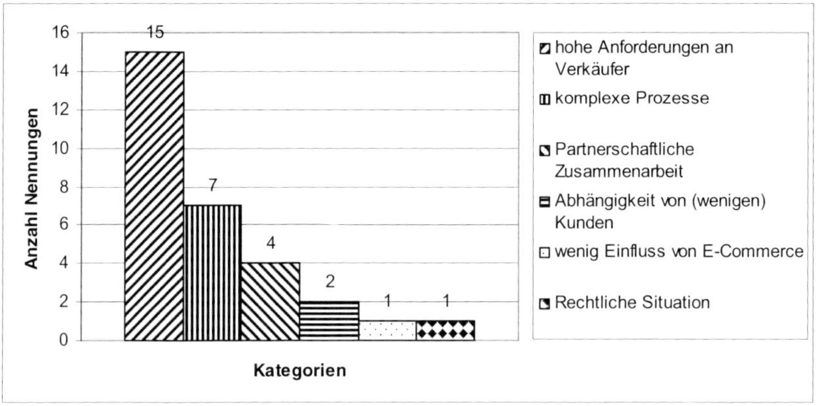

Quelle: Eigene Darstellung

Die Antworten enthalten Mehrfachnennungen pro Experten. Hohe Anforderungen an Verkäufer ist die am häufigsten genannte Besonderheit des B2B-Vertriebs (15 Nennungen). Sieben Experten geben komplexe Prozesse als Besonderheit an. Für vier Experten stellt die partnerschaftliche Zusammenarbeit eine Besonderheit dar. Zwei Experten meinen, dass eine Abhängigkeit von (wenigen) Kunden vorherrscht. Jeweils eine Nennung entfällt auf den geringen Einfluss von E-Commerce und die rechtliche Situation.

10.2.1.19. Besonderheiten der Dienstleistungsbranche

Abbildung 37: Besonderheiten der Dienstleistungsbranche

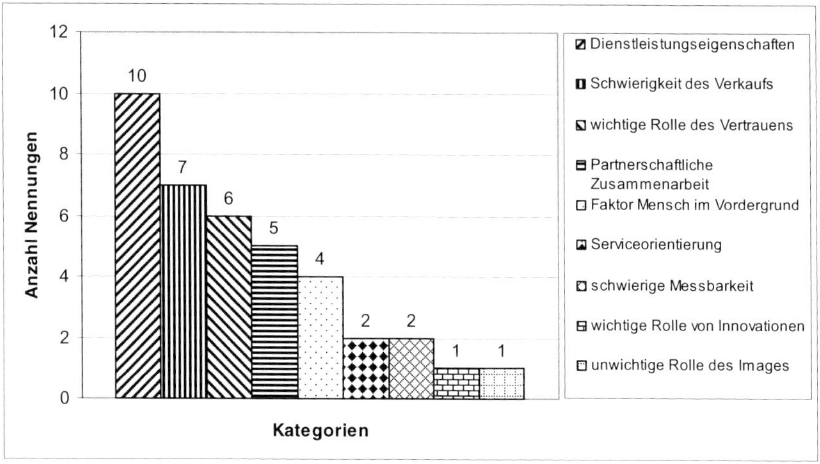

Quelle: Eigene Darstellung

Die Antworten beinhalten Mehrfachnennungen pro Experten. Zehn Experten führen die Dienstleistungseigenschaften als Besonderheiten der Dienstleistungsbranche an. Sieben Experten meinen, dass Dienstleistungen schwierig zu verkaufen sind. Häufig werden auch die wichtige Rolle des Vertrauens sowie partnerschaftliche Zusammenarbeit genannt. Vier Experten sehen eine Besonderheit darin, dass der Faktor Mensch im Vordergrund steht. Weniger oft stellen Serviceorientierung und die schwierige Messbarkeit eine Eigenart dar. Jeweils ein Experte sieht die wichtige Rolle von Innovationen bzw. die unwichtige Rolle des Images als Besonderheit an.

10.2.1.20. Profil des Idealkunden

Abbildung 38: Idealkundenprofil

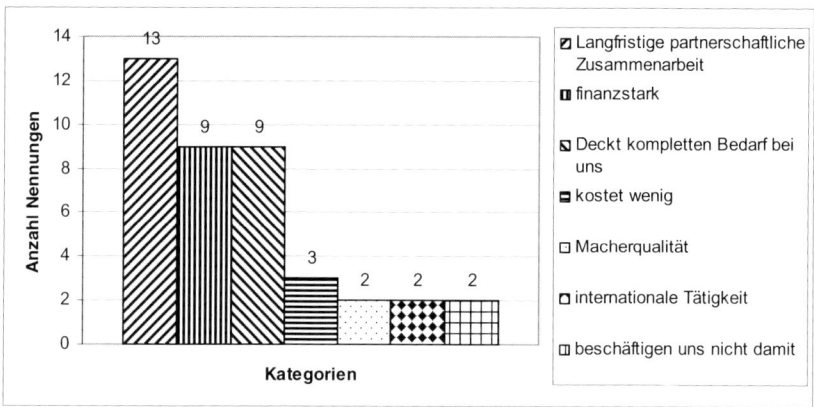

Quelle: Eigene Darstellung

Die Antworten inkludieren Mehrfachnennungen pro Experten. Am wichtigsten erscheint den Experten die langfristige partnerschaftliche Zusammenarbeit. Für je neun Experten ist der Idealkunde finanzstark und deckt den kompletten Bedarf beim anbietenden Unternehmen. Die Meinung, dass der Idealkunde wenig kosten soll, wird von drei Experten vertreten. Jeweils zwei Experten wünschen sich Macherqualitäten und eine internationale Tätigkeit. Zwei Unternehmen beschäftigen sich nicht damit.

10.2.2. Auswertungsstrategie nach *Meuser / Nagel*

10.2.2.1. Stellenwert des persönlichen Verkaufs im Unternehmen

Die Einleitungsfrage diente der Bestimmung des Stellenwerts des persönlichen Verkaufs im Unternehmen. Die Untersuchung zeigt, dass der persönliche Verkauf in vier Unternehmen das Wichtigste ist (vgl. Expertengespräch *Experte 3*, 2008; Expertengespräch *Experte 7*, 2008; Expertengespräch *Experte10*, 2008; Expertengespräch *Experte 18*, 2008). Die meisten Experten messen dem persönlichen Verkauf eine sehr große Bedeutung zu (13 Nennungen) (vgl. Expertengespräch *Experte 4*, 2008; Expertengespräch *Experte 5*, 2008; Expertengespräch *Experte 6*, 2008; Expertengespräch *Experte 8*, 2008; Expertengespräch *Experte 9*, 2008; Expertengespräch *Experte 12*, 2008; Expertengespräch *Experte 13*, 2008; Expertengespräch *Experte 14*, 2008; Expertengespräch *Experte 15*, 2008; Expertengespräch *Experte 16*, 2008; Expertengespräch *Experte 17*, 2008; Expertengespräch *Experte 20*, 2008; Expertengespräch *Experte 21*, 2008). Einen wichtigen Stellenwert hat der persönliche Verkauf für vier Experten (vgl. Expertengespräch *Experte 1*, 2008; Expertengespräch *Experte 2*, 2008; Expertengespräch *Experte 11*, 2008; Expertengespräch *Experte 19*, 2008).

10.2.2.2. Die zukünftigen Kompetenzen des Verkäufers in der Dienstleistungsbranche

Die Ergebnisse der Untersuchung zeigen, dass der Verkäufer in der Dienstleistungsbranche in Zukunft über verschiedene Kompetenzen verfügen muss. Die am häufigsten (18 Nennungen) genannte Kompetenz stellt die Sozialkompetenz dar (vgl. Expertengespräch Experte 1, 2008, Expertengespräch Experte 2, 2008; Expertengespräch *Experte 4*, 2008; Expertengespräch *Experte 5*, 2008; Expertengespräch *Experte 6*, 2008; Expertengespräch *Experte 7*, 2008; Expertengespräch *Experte 8*, 2008; Expertengespräch *Experte 9*, 2008; Expertengespräch *Experte 10*, 2008; Expertengespräch *Experte 11*, 2008; Expertengespräch *Experte 12*, 2008; Expertengespräch *Experte 13*, 2008; Expertengespräch *Experte 14*, 2008; Expertengespräch *Experte 15*, 2008; Expertengespräch *Experte 16*, 2008; Expertengespräch *Experte 17*, 2008; Expertengespräch *Experte 18*, 2008; Expertengespräch *Experte 19*, 2008). Zwölf Experten legen hohen Wert auf Empathie (vgl. Expertengespräch *Experte 5*, 2008; Expertengespräch *Experte 6*, 2008; Expertengespräch *Experte 7*, 2008; Expertengespräch *Experte 8*, 2008; Expertengespräch *Experte 9*, 2008; Expertengespräch *Experte 10*, 2008; Expertengespräch *Experte 13*, 2008; Expertengespräch *Experte 14*,

2008; Expertengespräch *Experte 15*, 2008; Expertengespräch *Experte 16*, 2008; Expertengespräch *Experte 17*, 2008; Expertengespräch *Experte 18*, 2008). Auf die Kompetenz Beziehungen aufbauen zu können entfallen weitere fünf Nennungen (vgl. Expertengespräch *Experte 4*, 2008; Expertengespräch *Experte 11*, 2008; Expertengespräch *Experte 14*, 2008; Expertengespräch *Experte 18*, 2008; Expertengespräch *Experte 19*, 2008). Zuhören ist für vier Experten wichtig (vgl. Expertengespräch *Experte 5*, 2008; Expertengespräch *Experte 7*, 2008; Expertengespräch *Experte 12*, 2008; Expertengespräch *Experte 16*, 2008). Zwei Unternehmen führen die Problemlösungskompetenz des Verkäufers an (vgl. Expertengespräch *Experte 11*, 2008; Expertengespräch *Experte 19*, 2008).

14 Experten vertreten die Meinung, dass der Verkäufer in der Dienstleistungsbranche zukünftig über Fachkompetenzen verfügen muss (vgl. Expertengespräch *Experte 1*, 2008; Expertengespräch *Experte 2*, 2008; Expertengespräch *Experte 3*, 2008; Expertengespräch *Experte 4*, 2008; Expertengespräch *Experte 5*, 2008; Expertengespräch *Experte 6*, 2008; Expertengespräch *Experte 7*, 2008; Expertengespräch *Experte 8*, 2008; Expertengespräch *Experte 10*, 2008; Expertengespräch *Experte 14*, 2008; Expertengespräch *Experte 15*, 2008; Expertengespräch *Experte 18*, 2008; Expertengespräch *Experte 20*, 2008; Expertengespräch *Experte 21*, 2008). Der Verkäufer muss beraten können (vgl. Expertengespräch *Experte 3*, 2008; Expertengespräch *Experte 10*, 2008; Expertengespräch *Experte 21*, 2008) und über Know-how verfügen (vgl. Expertengespräch *Experte 2*, 2008).

Sechs Unternehmen erwarten Methodenkompetenzen vom Verkäufer (vgl. Expertengespräch *Experte 6*, 2008; Expertengespräch *Experte 10*, 2008; Expertengespräch *Experte 11*, 2008; Expertengespräch *Experte 14*, 2008; Expertengespräch *Experte 19*, 2008; Expertengespräch *Experte 21*, 2008). Der Verkäufer muss Gefühle verkaufen können (vgl. Expertengespräch *Experte 10*, 2008), die Sprache des Kunden sprechen (vgl. Expertengespräch *Experte 11*, 2008), über Überzeugungskraft besitzen (vgl. Expertengespräch *Experte 19*, 2008) und strategisch denken (vgl. Expertengespräch *Experte 21*, 2008).

Weitere sechs Experten meinen, dass persönliche Kompetenzen in Zukunft entscheidend sind (vgl. Expertengespräch *Experte 6*, 2008; Expertengespräch *Experte 8*, 2008; Expertengespräch *Experte 11*, 2008; Expertengespräch *Experte14*, 2008; Expertengespräch *Experte 18*, 2008; Expertengespräch *Experte 19*, 2008). Der Verkäufer muss flexibel sein (vgl. Expertengespräch *Experte 8*, 2008; Expertengespräch *Experte 14*, 2008; Expertengespräch *Experte 18*, 2008). Ein Experte streicht das Selbst- und Zeitmanagement sowie die Motivation hervor (vgl. Expertengespräch

Experte 6, 2008). Ein anderer Experte wünscht sich Ehrlichkeit, Offenheit und Verlässlichkeit (vgl. Expertengespräch *Experte 11*, 2008). Eine Nennung entfällt auf die Kreativität (vgl. Expertengespräch *Experte 19*, 2008).

10.2.2.3. Das Image der Dienstleistungsbranche und dessen Gründe

Je ein Experte sieht das Image der Dienstleistungsbranche als sehr gut (vgl. Expertengespräch Experte 1, 2008) bzw. als Sehr gut bis gut (vgl. Expertengespräch Experte 4, 2008) an. Jeweils sechs Unternehmen schätzen das Image als gut (vgl. Expertengespräch *Experte 3*, 2008; Expertengespräch *Experte 5*, 2008; Expertengespräch *Experte 12*, 2008; Expertengespräch *Experte 17*, 2008; Expertengespräch *Experte 18*, 2008; Expertengespräch *Experte 20,* 2008) bzw. als gut bis schlecht (vgl. Expertengespräch *Experte 7*, 2008; Expertengespräch *Experte 8*, 2008; Expertengespräch *Experte 11*, 2008; Expertengespräch *Experte 15*, 2008; Expertengespräch *Experte 19*, 2008; Expertengespräch *Experte 21,* 2008) ein. Fünf Experten bewerten das Image der Dienstleistungsbranche als schlecht (vgl. Expertengespräch *Experte 2*, 2008; Expertengespräch *Experte 6*, 2008; Expertengespräch *Experte 9*, 2008; Expertengespräch *Experte 10,* 2008; Expertengesprach *Experte 14*, 2008) und zwei Experten als schlecht bis sehr schlecht (vgl. Expertengespräch *Experte 13*, 2008; Expertengespräch *Experte 16*, 2008) an. Kein Experte schätzt das Image der Dienstleistungsbranche als sehr schlecht ein.

13 Experten vertreten die Meinung, dass das Image des Verkäufers Auswirkungen auf das Image der Dienstleistungsbranche hat (vgl. Expertengespräch *Experte 3,* 2008; Expertengespräch *Experte 6*, 2008; Expertengespräch *Experte 8*, 2008; Expertengespräch *Experte 9,* 2008; Expertengespräch *Experte 10*, 2008; Expertengespräch *Experte 11*, 2008; Expertengespräch *Experte 14*, 2008; Expertengespräch *Experte 16*, 2008; Expertengespräch *Experte 17*, 2008; Expertengespräch *Experte 18*, 2008; Expertengespräch *Experte 19,* 2008; Expertengespräch *Experte 20*, 2008; Expertengespräch *Experte 21*, 2008). Der Verkäufer muss Vertrauen vermitteln (vgl. Expertengespräch *Experte 8*, 2008; Expertengespräch *Experte 16*, 2008). Jeweils ein Experte führt das Image auf die Motivation des Verkäufers (vgl. Expertengespräch *Experte 14*, 2008) bzw. auf die fehlende Kundenorientierung (vgl. Expertengespräch *Experte 16*, 2008) zurück.

Das Image der Dienstleistungsbranche ist abhängig von den einzelnen Branchen meinen zehn Unternehmen (vgl. Expertengespräch *Experte 4*, 2008; Expertengespräch *Experte 7*, 2008; Expertengespräch *Experte 9,* 2008; Expertengespräch *Experte 11*, 2008; Expertengespräch *Experte 12,* 2008; Expertengespräch *Experte 13,*

2008; Expertengespräch Experte 15, 2008; Expertengespräch Experte 17, 2008; Expertengespräch Experte 19, 2008; Expertengespräch Experte 21, 2008). Für acht Experten ist das Image der Dienstleistungsbranche auf dienstleistungsbezogene Gründe (vgl. Expertengespräch Experte 1, 2008; Expertengespräch Experte 2, 2008; Expertengespräch Experte 5, 2008; Expertengespräch Experte 10, 2008; Expertengespräch Experte 12, 2008; Expertengespräch Experte 13, 2008; Expertengespräch Experte 14, 2008; Expertengespräch Experte 18, 2008) zurückzuführen. Jeweils zwei Experten vertreten die Meinung, dass Österreich eine Servicewüste ist (vgl. Expertengespräch Experte 2, 2008; Expertengespräch Experte 10, 2008) bzw. Dienstleistung Geld kostet (vgl. Expertengespräch Experte 13, 2008; Expertengespräch Experte 14, 2008). Ein Experte sieht einen Trend zur Dienstleistung (vgl. Expertengespräch Experte 5, 2008). Ein weiterer Experte meint, dass Österreich sich zu einem Dienstleistungsstandort entwickelt (vgl. Expertengespräch Experte 1, 2008).

10.2.2.4. Das generelle Image des persönlichen Verkaufs in der Branche und dessen Gründe

Das generelle Image des persönlichen Verkaufs in der Branche wird von jeweils zwei Experten als sehr gut (vgl. Expertengespräch Experte 1, 2008; Expertengespräch Experte 4, 2008) bzw. als sehr gut bis gut (vgl. Expertengespräch Experte 14, 2008; Expertengespräch Experte 21, 2008) eingestuft. Als gut wird das Image von elf Experten (vgl. Expertengespräch Experte 2, 2008; Expertengespräch Experte 5, 2008; Expertengespräch Experte 7, 2008; Expertengespräch Experte 9, 2008; Expertengespräch Experte 11, 2008; Expertengespräch Experte 12, 2008; Expertengespräch Experte 13, 2008; Expertengespräch Experte 17, 2008; Expertengespräch Experte 18, 2008; Expertengespräch Experte 19, 2008; Expertengespräch Experte 20, 2008;) eingestuft. Vier Experten sehen das Image als gut bis schlecht (vgl. Expertengespräch Experte 3, 2008; Expertengespräch Experte 8, 2008; Expertengespräch Experte 10, 2008; Expertengespräch Experte 15, 2008) an. Das Image wird zweimal als schlecht bewertet (vgl. Expertengespräch Experte 6, 2008; Expertengespräch Experte 16, 2008). Kein Experte schätzt das generelle Image des persönlichen Verkaufs in der Branche als schlecht bis sehr schlecht bzw. als sehr schlecht ein.

14 Experten vertreten die Meinung, dass personenbezogene Gründe ausschlaggebend für das generelle Image des persönlichen Verkaufs in der Branche sind (vgl. Expertengespräch Experte 1, 2008; Expertengespräch Experte 2, 2008; Expertengespräch Experte 3, 2008; Expertengespräch Experte 6, 2008; Expertengespräch Ex-

perte 7, 2008; Expertengespräch Experte 9, 2008; Expertengespräch Experte 11, 2008; Expertengespräch Experte 13, 2008; Expertengespräch Experte 15, 2008; Expertengespräch Experte 16, 2008; Expertengespräch Experte 17, 2008; Expertengespräch Experte 19, 2008; Expertengespräch Experte 20, 2008; Expertengespräch Experte 21, 2008). Vier Experten führen dies auf die Beratungskompetenz des Verkäufers (vgl. Expertengespräch Experte 7, 2008; Expertengespräch Experte 17, 2008; Expertengespräch Experte 20, 2008; Expertengespräch Experte 21, 2008) zurück. Das Vertrauen (vgl. Expertengespräch Experte 6, 2008), die Glaubwürdigkeit (vgl. Expertengespräch Experte 7, 2008) und die Ausbildung des Verkäufers (vgl. Expertengespräch Experte 15, 2008) beeinflussen das Image.

Die Qualität der Kundenbeziehung wirkt sich auf das generelle Image des persönlichen Verkaufs in der Branche aus (10 Nennungen) (vgl. Expertengespräch Experte 4, 2008; Expertengespräch Experte 8, 2008; Expertengespräch Experte 9, 2008; Expertengespräch Experte 12, 2008; Expertengespräch Experte 13, 2008; Expertengespräch Experte 14, 2008; Expertengespräch Experte 16, 2008; Expertengespräch Experte 17, 2008; Expertengespräch Experte 18, 2008; Expertengespräch Experte 19, 2008).

Sechs Experten meinen, dass die Kundenorientierung Einfluss auf das generelle Image des persönlichen Verkaufs in der Branche hat (vgl. Expertengespräch Experte 4, 2008; Expertengespräch Experte 5, 2008; Expertengespräch Experte 8, 2008; Expertengespräch Experte 12, 2008; Expertengespräch Experte 13, 2008; Expertengespräch Experte 14, 2008).

Jeweils ein Experte nennt die Wirtschaftssituation (vgl. Expertengespräch Experte 10, 2008), die Bezahlung (vgl. Expertengespräch Experte 3, 2008) bzw. den Verkaufsdruck (vgl. Expertengespräch Experte 11, 2008) als Grund für das generelle Image des persönlichen Verkaufs in der Branche.

10.2.2.5. Das Image der Mitarbeiter im Kundenkontakt und dessen Gründe

Das Image der Mitarbeiter wird von elf Experten als sehr gut (vgl. Expertengespräch Experte 2, 2008; Expertengespräch Experte 3, 2008; Expertengespräch Experte 4, 2008; Expertengespräch Experte 8, 2008; Expertengespräch Experte 11, 2008; Expertengespräch Experte 12, 2008; Expertengespräch Experte 13, 2008; Expertengespräch Experte 16, 2008; Expertengespräch Experte 17, 2008; Expertengespräch Experte 19, 2008; Expertengespräch Experte 20, 2008) eingestuft. Jeweils vier Experten meinen, dass das Image der Mitarbeiter im Kundenkontakt sehr gut bis gut (vgl. Expertengespräch Experte 6, 2008; Expertengespräch Experte 9, 2008; Expertengespräch Experte 15, 2008; Expertengespräch Experte 21, 2008) bzw. gut (vgl. Expertengespräch Experte 5, 2008; Expertengespräch Experte 7, 2008; Expertengespräch Experte 14, 2008; Expertengespräch Experte 18, 2008) ist. Zwei Experten stufen es als gut bis schlecht (vgl. Expertengespräch Experte 1, 2008; Expertengespräch Experte 10, 2008) ein.

Am häufigsten (17 Nennungen) werden hierfür personenbezogene Gründe (vgl. Expertengespräch Experte 1, 2008; Expertengespräch Experte 3, 2008; Expertengespräch Experte 4, 2008; Expertengespräch Experte 5, 2008; Expertengespräch Experte 6, 2008; Expertengespräch Experte 7, 2008; Expertengespräch Experte 8, 2008; Expertengespräch Experte 9, 2008; Expertengespräch Experte 12, 2008; Expertengespräch Experte 13, 2008; Expertengespräch Experte 14, 2008; Expertengespräch Experte 15, 2008; Expertengespräch Experte 16, 2008; Expertengespräch Experte 17, 2008; Expertengespräch Experte 19, 2008; Expertengespräch Experte 20, 2008; Expertengespräch Experte 21, 2008) genannt. Für elf Experten ist die Beratungskompetenz ausschlaggebend (vgl. Expertengespräch Experte 1, 2008; Expertengespräch Experte 3, 2008; Expertengespräch Experte 4, 2008; Expertengespräch Experte 8, 2008; Expertengespräch Experte 9, 2008; Expertengespräch Experte 14, 2008; Expertengespräch Experte 15, 2008; Expertengespräch Experte 16, 2008; Expertengespräch Experte 19, 2008; Expertengespräch Experte 20, 2008; Expertengespräch Experte 21, 2008). Jeweils vier Experten vertreten die Meinung, dass das Image auf die Zuverlässigkeit (vgl. Expertengespräch Experte 6, 2008; Expertengespräch Experte 7, 2008; Expertengespräch Experte 13, 2008; Expertengespräch Experte 14, 2008) bzw. die Ausbildung des Mitarbeiters (vgl. Expertengespräch Experte 12, 2008; Expertengespräch Experte 16, 2008; Expertengespräch Experte 19, 2008; Expertengespräch Experte 21, 2008) zurückzuführen ist. Jeweils zwei Experten nennen die Ehrlichkeit (vgl. Expertengespräch Experte 3, 2008; Experte 5, 2008), die Empathie (vgl. Expertengespräch Experte 5, 2008; Expertengespräch Experte 6, 2008), die Zeit für den Kunden (vgl. Expertengespräch Experte 8, 2008; Expertengespräch Experte 13, 2008) bzw. die Identifikation des Mitarbeiters mit dem Unternehmen (vgl. Expertengespräch Experte 17, 2008; Expertengespräch Experte 19, 2008). Ebenso ausschlaggebend ist die Problemlösungskompetenz (vgl. Expertengespräch Experte 1, 2008), das Sprechen einer einfachen Sprache und das Ernstnehmen des Kunden (vgl. Expertengespräch Experte 7, 2008) sowie das Engagement, die Flexibilität, die Erreichbarkeit und die Freundlichkeit (vgl. Expertengespräch Experte 19, 2008).

Das Pflegen der internen und externen Kundenbeziehungen hat für neun Experten Einfluss auf das Image der Mitarbeiter im Kundenkontakt (vgl. Expertengespräch Experte 3, 2008; Expertengespräch Experte 4, 2008; Expertengespräch Experte 7,

2008; Expertengespräch *Experte 8*, 2008; Expertengespräch *Experte 9*, 2008; Expertengespräch *Experte 10*, 2008; Expertengespräch *Experte 11*, 2008; Expertengespräch *Experte 13*, 2008; Expertengespräch *Experte 14*, 2008).
Zwei Experten führen das Image der Mitarbeiter im Kundenkontakt auf deren Bezahlung (vgl. Expertengespräch *Experte 19*, 2008, Expertengespräch *Experte 20*, 2008) zurück.
Jeweils ein Experte nennt die Servicequalität (vgl. Expertengespräch *Experte 2*, 2008), die Imagefaktoren der Dienstleistung (vgl. Expertengespräch *Experte 1*, 2008) bzw. das Nichtausüben von Druck auf den Kunden (vgl. Expertengespräch *Experte 8*, 2008).

10.2.2.6. Die konkreten Maßnahmen zur Imageverbesserung / Aufrechterhaltung des Images

Die häufigste Maßnahme (14 Nennungen) bildet die Förderung der Mitarbeiter (vgl. Expertengespräch *Experte 3*, 2008; Expertengespräch *Experte 4*, 2008; Expertengespräch *Experte 8*, 2008; Expertengespräch *Experte 9*, 2008; Expertengespräch *Experte 10*, 2008; Expertengespräch *Experte 11*, 2008; Expertengespräch *Experte 12*, 2008; Expertengespräch *Experte 13*, 2008; Expertengespräch *Experte 14*, 2008; Expertengespräch *Experte 15*, 2008; Expertengespräch *Experte 16*, 2008; Expertengespräch *Experte 17*, 2008; Expertengespräch *Experte 20*, 2008; Expertengespräch *Experte 21*, 2008).

In zwölf Unternehmen werden Bildungsmaßnahmen gesetzt (vgl. Expertengespräch *Experte 1*, 2008; Expertengespräch *Experte 4*, 2008; Expertengespräch *Experte 5*, 2008; Expertengespräch *Experte 10*, 2008; Expertengespräch *Experte 11*, 2008; Expertengespräch *Experte 12*, 2008; Expertengespräch *Experte 14*, 2008; Expertengespräch *Experte 15*, 2008; Expertengespräch *Experte 17*, 2008; Expertengespräch *Experte 18*, 2008; Expertengespräch *Experte 20*, 2008; Expertengespräch *Experte 21*, 2008).

Zehn Experten führen Werbemaßnahmen durch (vgl. Expertengespräch *Experte 2*, 2008; Expertengespräch *Experte 9*, 2008; Expertengespräch *Experte 10*, 2008; Expertengespräch *Experte 11*, 2008; Expertengespräch *Experte 12*, 2008; Expertengespräch *Experte 13*, 2008; Expertengespräch *Experte 14*, 2008; Expertengespräch *Experte 16*, 2008; Expertengespräch *Experte 17*, 2008; Expertengespräch *Experte 19*, 2008). Hierzu zählen Imagekampagnen (vgl. Expertengespräch *Experte 2*, 2008; Expertengespräch *Experte 10*, 2008; Expertengespräch *Experte 11*, 2008; Expertengespräch *Experte 19*, 2008), Messeauftritte (vgl. Expertengespräch *Experte 9*, 2008; Expertengespräch *Experte 13*, 2008; Expertengespräch *Experte 17*, 2008) sowie die Verkaufsraumgestaltung (vgl. Expertengespräch *Experte 12*, 2008).

Für sieben Experten stellt kundenorientiertes Handeln eine wichtige Maßnahme dar (vgl. Expertengespräch *Experte 6*, 2008; Expertengespräch *Experte 7*, 2008; Expertengespräch *Experte 9*, 2008; Expertengespräch *Experte 12*, 2008; Expertengespräch *Experte 13*, 2008; Expertengespräch *Experte 18*, 2008; Expertengespräch *Experte 19*, 2008).

Sechs Unternehmen setzen auf interne partnerschaftliche Zusammenarbeit (vgl. Expertengespräch *Experte 1*, 2008; Expertengespräch *Experte 5*, 2008; Expertengespräch *Experte 9*, 2008; Expertengespräch *Experte 11*, 2008; Expertengespräch *Experte 13*, 2008; Expertengespräch *Experte 18*, 2008).

Weiters sehen die Unternehmen ihre Maßnahmen in der Zuverlässigkeit (vgl. Expertengespräch *Experte 6*, 2008; Expertengespräch *Experte 7*, 2008; Expertengespräch *Experte 13*, 2008), Freundlichkeit (vgl. Expertengespräch *Experte 7*, 2008) und im Durchführen von externen Partnerprogrammen (vgl. Expertengespräch *Experte 13*, 2008).

10.2.2.7. Beurteilung der Effizienz des Vertriebs im Unternehmen und konkrete Maßnahmen zu deren Steigerung

Drei Unternehmen bewerten die Effizienz des eigenen Vertriebs als sehr effizient (vgl. Expertengespräch *Experte 3*, 2008; Expertengespräch *Experte 19*, 2008; Expertengespräch *Experte 21*, 2008). Sechs Experten geben an, dass ihr Vertrieb effizient ist (vgl. Expertengespräch *Experte 2*, 2008; Expertengespräch *Experte 6*, 2008; Expertengespräch *Experte 8*, 2008; Expertengespräch *Experte 10*, 2008; Expertengespräch *Experte 14*, 2008; Expertengespräch *Experte 17*, 2008). In den meisten Unternehmen (13 Nennungen) ist die Effizienz des Vertriebs laut eigenen Angaben steigerungsfähig (vgl. Expertengespräch *Experte 1*, 2008; Expertengespräch *Experte 4*, 2008; Expertengespräch *Experte 5*, 2008; Expertengespräch *Experte 7*, 2008; Expertengespräch *Experte 9*, 2008; Expertengespräch *Experte 10*, 2008; Expertengespräch *Experte 12*, 2008; Expertengespräch *Experte 13*, 2008; Expertengespräch *Experte 14*, 2008; Expertengespräch *Experte 15*, 2008; Expertengespräch *Experte 17*, 2008; Expertengespräch *Experte 18*, 2008; Expertengespräch *Experte 20*, 2008). Jeweils ein Experte vertritt die Meinung, dass die Effizienz schlecht ist (vgl. Expertengespräch *Experte 16*, 2008), nicht im Vordergrund steht (vgl. Expertengespräch *Experte 11*, 2008) bzw. dass der Vertrieb in Effektivität gemessen wird (vgl. Expertengespräch *Experte 12*, 2008).

Als konkrete Maßnahme zur Steigerung der Effizienz im Vertrieb geben neun Experten Prozessoptimierung (vgl. Expertengespräch *Experte 6*, 2008; Expertengespräch *Experte 8*, 2008; Expertengespräch *Experte 9*, 2008; Expertengespräch *Experte 10*, 2008; Expertengespräch *Experte 12*, 2008; Expertengespräch *Experte 13*, 2008; Expertengespräch *Experte 14*, 2008; Expertengespräch *Experte 16*, 2008; Expertengespräch *Experte 17*, 2008) an. Jeweils sechs Unternehmen setzen auf den Einsatz von IT-Systemen (vgl. Expertengespräch *Experte 1*, 2008; Expertengespräch *Experte 2*, 2008; Expertengespräch *Experte 4*, 2008; Expertengespräch *Experte 7*, 2008; Expertengespräch *Experte 13*, 2008; Expertengespräch *Experte 14*, 2008) bzw. bauen auf partnerschaftliche interne Zusammenarbeit (vgl. Expertengespräch *Experte 3*, 2008; Expertengespräch *Experte 6*, 2008; Expertengespräch *Experte 9*, 2008; Expertengespräch *Experte 11*, 2008; Expertengespräch *Experte 13*, 2008; Expertengespräch *Experte 18*, 2008). Fünf Unternehmen geben den Mitarbeitern Ziele vor und führen Performancemessungen durch (vgl. Expertengespräch *Experte 1*, 2008; Expertengespräch *Experte 4*, 2008; Expertengespräch *Experte 11*, 2008; Expertengespräch *Experte 19*, 2008; Expertengespräch *Experte 20*, 2008). In drei Unternehmen werden Bildungsmaßnahmen durchgeführt (vgl. Expertengespräch *Experte 4*, 2008; Expertengespräch *Experte 15*, 2008; Expertengespräch *Experte 18*, 2008. Ebenso setzen die Unternehmen auf die Bildung von Kundenclustern (vgl. Expertengespräch *Experte 10*, 2008; Expertengespräch *Experte 14*, 2008), die internationale Unternehmenserweiterung (vgl. Expertengespräch *Experte 5*, 2008; Expertengespräch *Experte 7*, 2008), das Einstellen von neuen Mitarbeitern (vgl. Expertengespräch *Experte 5*, 2008) bzw. die Nähe zum Kunden (vgl. Expertengespräch *Experte 21*, 2008).

10.2.2.8. Beteiligte Personen beim Einkauf einer Dienstleistung

In jeweils elf Unternehmen sind beim Einkauf einer Dienstleistung unterschiedlich viele Personen (vgl. Expertengespräch *Experte 1*, 2008; Expertengespräch *Experte 5*, 2008; Expertengespräch *Experte 6*, 2008; Expertengespräch *Experte 7*, 2008; Expertengespräch *Experte 11*, 2008; Expertengespräch *Experte 14*, 2008; Expertengespräch *Experte 16*, 2008; Expertengespräch *Experte 17*, 2008; Expertengespräch *Experte 18*, 2008; Expertengespräch *Experte 20*, 2008; Expertengespräch *Experte 21*, 2008) bzw. ein bis drei Personen (vgl. Expertengespräch *Experte 2*, 2008; Expertengespräch *Experte 3*, 2008; Expertengespräch *Experte 5*, 2008; Expertengespräch *Experte 6*, 2008; Expertengespräch *Experte 9*, 2008; Expertengespräch *Experte 12*, 2008; Expertengespräch *Experte 15*, 2008; Expertengespräch *Experte 16*, 2008; Expertengespräch *Experte 17*, 2008; Expertengespräch *Experte 18*, 2008; Expertengespräch *Experte 20*, 2008) beteiligt. In sechs Unternehmen gibt es Situationen, in denen mehrere Personen beim Einkauf einer Dienstleistung (vgl. Expertengespräch *Experte 4*, 2008; Expertengespräch *Experte 7*, 2008; Expertengespräch *Experte 8*, 2008; Expertengespräch *Experte 12*, 2008; Expertengespräch *Experte 13*, 2008; Expertengespräch *Experte 21*, 2008) teilnehmen. Jeweils zwei Unternehmen geben an, dass der Einkauf zentral geregelt ist (vgl. Expertengespräch *Experte 1*, 2008; Expertengespräch *Experte 11*, 2008) bzw. machten keine Angabe (vgl. Expertengespräch *Experte 10*, 2008; Expertengespräch *Experte 19*, 2008).

10.2.2.9. Die Rolle des Einkäufers im Unternehmen

In vier Unternehmen ist der Einkäufer mit der Durchführung der Entscheidung betraut (vgl. Expertengespräch *Experte 1*, 2008; Expertengespräch *Experte 3*, 2008; Expertengespräch *Experte 9*, 2008; Expertengespräch *Experte 13*, 2008). Fünf Experten geben an, dass der Einkäufer mitentscheidet (vgl. Expertengespräch *Experte 6*, 2008; Expertengespräch *Experte 7*, 2008; Expertengespräch *Experte 9*, 2008; Expertengespräch *Experte 12*, 2008; Expertengespräch *Experte 15*, 2008). Am häufigsten (neun Nennungen) hat der Einkäufer eine vorbereitende Rolle inne (vgl. Expertengespräch *Experte 10*, 2008; Expertengespräch *Experte 12*, 2008; Expertengespräch *Experte 13*, 2008; Expertengespräch *Experte 14*, 2008; Expertengespräch *Experte 15*, 2008; Expertengespräch *Experte 17*, 2008; Expertengespräch *Experte 18*, 2008; Expertengespräch *Experte 20*, 2008; Expertengespräch *Experte 21*, 2008). Beispielsweise verhandelt der Einkäufer die Preise (vgl. Expertengespräch *Experte 17*, 2008; Expertengespräch *Experte 20*, 2008; Expertengespräch *Experte 21*, 2008), fungiert als Hilfesteller und Empfehlungsgeber (vgl. Expertengespräch *Experte 13*, 2008; Expertengespräch *Experte 14*, 2008), bzw. betrachtet die Kosten (vgl. Expertengespräch *Experte 18*, 2008). Sieben Experten machen keine Angabe (vgl. Expertengespräch *Experte 2*, 2008; Expertengespräch *Experte 4*, 2008; Expertengespräch *Experte 5*, 2008; Expertengespräch *Experte 8*, 2008; Expertengespräch *Experte 11*, 2008; Expertengespräch *Experte 16*, 2008; Expertengespräch *Experte 19*, 2008).

10.2.2.10. Die Erwartungen des Einkäufers an den Verkäufer

Am wichtigsten (zehn Nennungen) ist den Einkäufern ein gutes Preis-Leistungsverhältnis (vgl. Expertengespräch Experte 1, 2008; Expertengespräch Experte 5, 2008; Expertengespräch Experte 6, 2008; Expertengespräch Experte 8, 2008; Expertengespräch Experte 11, 2008; Expertengespräch Experte 12, 2008; Expertengespräch Experte 14, 2008; Expertengespräch Experte 17, 2008; Expertengespräch Experte 18, 2008; Expertengespräch Experte 20, 2008).

Acht Einkäufer legen Wert auf Fachkompetenz (vgl. Expertengespräch Experte 1, 2008; Expertengespräch Experte 3, 2008; Expertengespräch Experte 6, 2008; Expertengespräch Experte 7, 2008; Expertengespräch Experte 10, 2008; Expertengespräch Experte 12, 2008; Expertengespräch Experte 15, 2008; Expertengespräch Experte 21, 2008) in Form von Beratung (vgl. Expertengespräch Experte 7, 2008; Expertengespräch Experte 10, 2008), dem Stellen von Fragen (vgl. Expertengespräch Experte 13, 2008), Professionalität und dem Liefern von guten Informationen (vgl. Expertengespräch Experte 15, 2008).

Weitere sieben Einkäufer erwarten Sozialkompetenz (vgl. Expertengespräch Experte 6, 2008; Expertengespräch Experte 9, 2008; Expertengespräch Experte 11, 2008; Expertengespräch Experte 13, 2008; Expertengespräch Experte 14, 2008; Expertengespräch Experte 18, 2008; Expertengespräch Experte 19, 2008) in Form von Empathie (Expertengespräch Experte 6, 2008; Expertengespräch Experte 9, 2008; Expertengespräch Experte 14, 2008), Problemlösungskompetenz (vgl. Expertengespräch Experte 11, 2008; Expertengespräch Experte 18, 2008; Expertengespräch Experte 19, 2008), einer guten Beziehung (vgl. Expertengespräch Experte 13, 2008) oder durch aktives Zuhören des Verkäufers (vgl. Expertengespräch Experte 9, 2008).

Persönliche Kompetenzen werden von vier Experten angeführt (vgl. Expertengespräch Experte 2, 2008; Expertengespräch Experte 4, 2008; Expertengespräch Experte 5, 2008; Expertengespräch Experte 13, 2008). Hierzu zählen das Einhalten von Versprechen (vgl. Expertengespräch Experte 2, 2008; Expertengespräch Experte 5, 2008) sowie die Offenheit und die Persönlichkeit des Verkäufers (vgl. Expertengespräch Experte 13, 2008).

In vier Unternehmen verlangen die Einkäufer methodische Kompetenzen von den Verkäufern (vgl. Expertengespräch Experte 8, 2008; Expertengespräch Experte 13, 2008; Expertengespräch Experte 14, 2008; Expertengespräch Experte 15, 2008). Die

Einkäufer erwarten individuelle Betreuung und einfache Abwicklung (vgl. Expertengespräch *Experte 8*, 2008).

Zwei weitere Experten erwarten Serviceorientierung (vgl. Expertengespräch *Experte 11*, 2008; Expertengespräch *Experte 16*, 2008).

10.2.2.11. Definition von Serviceorientierung

Unter Serviceorientierung ist das Verhalten (vgl. Expertengespräch *Experte 1*, 2008; Expertengespräch *Experte 2*, 2008; Expertengespräch *Experte 3*, 2008; Expertengespräch *Experte 4*, 2008; Expertengespräch *Experte 5*, 2008; Expertengespräch *Experte 6*, 2008; Expertengespräch *Experte 7*, 2008; Expertengespräch *Experte 9*, 2008; Expertengespräch *Experte 11*, 2008; Expertengespräch *Experte 14*, 2008; Expertengespräch *Experte 15*, 2008; Expertengespräch *Experte 16*, 2008; Expertengespräch *Experte 18*, 2008; Expertengespräch *Experte 19*, 2008; Expertengespräch *Experte 20*, 2008) des Mitarbeiters zu verstehen, durch welches Kundenbedürfnisse erkannt und befriedigt werden (vgl. Expertengespräch *Experte 1*, 2008; Expertengespräch *Experte 2*, 2008; Expertengespräch *Experte 6*, 2008; Expertengespräch *Experte 10*, 2008; Expertengespräch *Experte 13*, 2008; Expertengespräch *Experte 14*, 2008; Expertengespräch *Experte 15*, 2008; Expertengespräch *Experte 16*, 2008; Expertengespräch *Experte 17*, 2008; Expertengespräch *Experte 18*, 2008; Expertengespräch *Experte 20*, 2008; Expertengespräch *Experte 21*, 2008). Serviceorientierung ist Kundenorientierung (vgl. Expertengespräch *Experte 17*, 2008; Expertengespräch *Experte 21*, 2008). Ein Experte gibt keine eindeutige Antwort (vgl. Expertengespräch *Experte 8*, 2008).

10.2.2.12. Die Bedeutung der Serviceorientierung innerhalb des persönlichen Verkaufs

Vierzehn Experten vertreten die Meinung, dass die Serviceorientierung innerhalb des persönlichen Verkaufs sehr hoch ist (vgl. Expertengespräch *Experte 3*, 2008; Expertengespräch *Experte 5*, 2008; Expertengespräch *Experte 6*, 2008; Expertengespräch *Experte 7*, 2008; Expertengespräch *Experte 10*, 2008; Expertengespräch *Experte 11*, 2008; Expertengespräch *Experte 12*, 2008; Expertengespräch *Experte 13*, 2008; Expertengespräch *Experte 14*, 2008; Expertengespräch *Experte 15*, 2008; Expertengespräch *Experte 16*, 2008; Expertengespräch *Experte 17*, 2008; Expertengespräch *Experte 18*, 2008; Expertengespräch *Experte 19*, 2008). Sieben Experten stufen diese als wichtig ein (vgl. Expertengespräch *Experte 1*, 2008; Expertengespräch *Experte 2*, 2008; Expertengespräch *Experte 4*, 2008; Expertengespräch *Experte 8*, 2008; Expertengespräch *Experte 9*, 2008; Expertengespräch *Experte 20*, 2008; Expertengespräch *Experte 21*, 2008). Serviceorientierung hat eine positive Auswirkung auf die Kundenbindung (vgl. Expertengespräch *Experte 4*, 2008; Expertengespräch *Experte 8*, 2008; Expertengespräch *Experte 11*, 2008; Expertengespräch *Experte 12*, 2008; Expertengespräch *Experte 13*, 2008; Expertengespräch *Experte 17*, 2008; Expertengespräch *Experte 19*, 2008; Expertengespräch *Experte 20*, 2008) bzw. steigert den Verkaufserfolg (vgl. Expertengespräch *Experte 2*, 2008; Expertengespräch *Experte 7*, 2008; Expertengespräch *Experte 9*, 2008; Expertengespräch *Experte 10*, 2008; Expertengespräch *Experte 11*, 2008; Expertengespräch *Experte 12*, 2008; Expertengespräch *Experte 15*, 2008). Jeweils zwei Experten meinen, dass die Serviceorientierung eine Voraussetzung für die Kundenzufriedenheit darstellt (vgl. Expertengespräch *Experte 1*, 2008; Expertengespräch *Experte 2*, 2008) bzw. ein Differenzierungsmerkmal ist (vgl. Expertengespräch *Experte 9*, 2008; Expertengespräch *Experte 11*, 2008).

10.2.2.13. Die Auswirkung von serviceorientiertem Handeln auf das Image des persönlichen Verkaufs

Die Experten sind sich einig, dass die Serviceorientierung eine positive Auswirkung auf das Image des persönlichen Verkaufs hat (vgl. Expertengespräch *Experte 1*, 2008; Expertengespräch *Experte 2*, 2008; Expertengespräch *Experte 3*, 2008; Expertengespräch *Experte 4*, 2008; Expertengespräch *Experte 5*, 2008; Expertengespräch *Experte 6*, 2008; Expertengespräch *Experte 7*, 2008; Expertengespräch *Experte 8*, 2008; Expertengespräch *Experte 9*, 2008; Expertengespräch *Experte 10*, 2008; Expertengespräch *Experte 11*, 2008; Expertengespräch *Experte 12*, 2008; Expertengespräch *Experte 13*, 2008; Expertengespräch *Experte 14*, 2008; Expertengespräch *Experte 15*, 2008; Expertengespräch *Experte 16*, 2008; Expertengespräch *Experte 17*, 2008; Expertengespräch *Experte 18*, 2008; Expertengespräch *Experte 19*, 2008; Expertengespräch *Experte 20*, 2008; Expertengespräch *Experte 21*, 2008).

10.2.2.14. Die Bekanntheit des Clienting-Begriffs und die Beurteilung des Clienting-Impulses für das eigene Unternehmen

Neun Experten kennen den Begriff Clienting (vgl. Expertengespräch *Experte 2*, 2008; Expertengespräch *Experte 4*, 2008; Expertengespräch *Experte 8*, 2008; Expertengespräch *Experte 12*, 2008; Expertengespräch *Experte 13*, 2008; Expertengespräch *Experte 14*, 2008; Expertengespräch *Experte 15*, 2008; Expertengespräch *Experte 18*, 2008; Expertengespräch *Experte 19*, 2008) und zwölf Experten verneinen dies (vgl. Expertengespräch *Experte 1*, 2008; Expertengespräch *Experte 3*, 2008; Expertengespräch *Experte 5*, 2008; Expertengespräch *Experte 6*, 2008; Expertengespräch *Experte 7*, 2008; Expertengespräch *Experte 9*, 2008; Expertengespräch *Experte 10*, 2008; Expertengespräch *Experte 11*, 2008; Expertengespräch *Experte 16*, 2008; Expertengespräch *Experte 17*, 2008; Expertengespräch *Experte 20*, 2008; Expertengespräch *Experte 21*, 2008).

Für das eigene Unternehmen beurteilen 16 Experten den Clienting-Impuls als sehr gut (vgl. Expertengespräch *Experte 2*, 2008; Expertengespräch *Experte 3*, 2008; Expertengespräch *Experte 4*, 2008; Expertengespräch *Experte 6*, 2008; Expertengespräch *Experte 7*, 2008; Expertengespräch *Experte 8*, 2008; Expertengespräch *Experte 9*, 2008; Expertengespräch *Experte 10*, 2008; Expertengespräch *Experte 11*, 2008; Expertengespräch *Experte 12*, 2008; Expertengespräch *Experte 13*, 2008; Expertengespräch *Experte 15*, 2008; Expertengespräch *Experte 16*, 2008; Expertengespräch *Experte 17*, 2008; Expertengespräch *Experte 18*, 2008; Expertengespräch *Experte 21*, 2008) und drei weitere Experten als gut (vgl. Expertengespräch *Experte 1*, 2008; Expertengespräch *Experte 5*, 2008; Expertengespräch *Experte 14*, 2008). Nur zwei Experten äußern Zweifel am Clienting-Impuls (vgl. Expertengespräch *Experte 19*, 2008; Expertengespräch *Experte 20*, 2008).

10.2.2.15. Die Auswirkung von partnerschaftlichem Handeln auf das Image des persönlichen Verkaufs

Siebzehn Experten meinen, dass sich partnerschaftliches Handeln positiv auf das Image des persönlichen Verkaufs auswirkt (vgl. Expertengespräch *Experte 1*, 2008; Expertengespräch *Experte 2*, 2008; Expertengespräch *Experte 3*, 2008; Expertengespräch *Experte 4*, 2008; Expertengespräch *Experte 5*, 2008; Expertengespräch *Experte 6*, 2008; Expertengespräch *Experte 7*, 2008; Expertengespräch *Experte 9*, 2008; Expertengespräch *Experte 10*, 2008; Expertengespräch *Experte 11*, 2008; Expertengespräch *Experte 12*, 2008; Expertengespräch *Experte 13*, 2008; Expertengespräch *Experte 15*, 2008; Expertengespräch *Experte 16*, 2008; Expertengespräch *Experte 18*, 2008; Expertengespräch *Experte 19*, 2008; Expertengespräch *Experte 21*, 2008). Vier Experten beziehen eine neutrale Stellung (vgl. Expertengespräch *Experte 8*, 2008; Expertengespräch *Experte 14*, 2008; Expertengespräch *Experte 17*, 2008; Expertengespräch *Experte 20*, 2008), da es auch vom Kunden und seinem

Verlangen nach partnerschaftlichem Handeln abhängig ist (vgl. Expertengespräch Experte 8, 2008; Expertengespräch Experte 14, 2008; Expertengespräch Experte 17, 2008).

10.2.2.16. Die Verbindung Serviceorientierung – Partnerschaftliches Handeln – Effizienz des Vertriebs

Vier Experten meinen, dass Serviceorientierung, partnerschaftliches Handeln und Effizienz zu mehr Erfolg führen (vgl. Expertengespräch Experte 1, 2008; Expertengespräch Experte 14, 2008; Expertengespräch Experte 15, 2008; Expertengespräch Experte 17, 2008). Für fünf Experten führt Serviceorientierung und partnerschaftliches Handeln zu Effizienz (vgl. Expertengespräch Experte 3, 2008; Expertengespräch Experte 4, 2008; Expertengespräch Experte 5, 2008; Expertengespräch Experte 9, 2008; Expertengespräch Experte 11). Jeweils ein Experte vertritt die Meinung, dass Serviceorientierung und partnerschaftliches Handeln zu Effektivität (vgl. Expertengespräch Experte 12, 2008) bzw. partnerschaftliches Handeln allein zu Fffizienz (vgl. Expertengespräch Experte 18, 2008) führt. Für sieben Experten ist eine Verbindung zwischen den beiden Komponenten gegeben (vgl. Expertengespräch Experte 2, 2008; Expertengespräch Experte 6, 2008; Expertengespräch Experte 7, 2008; Expertengespräch Experte 16, 2008; Expertengespräch Experte 19, 2008; Expertengespräch Experte 20, 2008; Expertengespräch Experte 21, 2008). Jeweils ein Experte denkt, dass Serviceorientierung auf Grund der Servicekosten die Effizienz gefährdet (vgl. Expertengespräch Experte 18, 2008) bzw. dass Serviceorientierung und partnerschaftliches Handeln auf Grund des Zeitfaktors die Effizienz gefährdet (vgl. Expertengespräch Experte 10, 2008).
Keine Verbindung wird von zwei Experten gesehen (vgl. Expertengespräch Experte 8, 2008; Expertengespräch Experte 13, 2008).

10.2.2.17. Die Besonderheiten des B2B-Vertriebs

Von den meisten Experten (15 Nennungen) werden hohe Anforderungen an die Verkäufer als die Besonderheit des B2B-Vertriebs angesehen (vgl. Expertengespräch Experte 3, 2008; Expertengespräch Experte 4, 2008; Expertengespräch Experte 6, 2008; Expertengespräch Experte 7, 2008; Expertengespräch Experte 8, 2008; Expertengespräch Experte 9, 2008; Expertengespräch Experte 10, 2008; Expertengespräch Experte 12, 2008; Expertengespräch Experte 13, 2008; Expertengespräch

Experte 14, 2008; Expertengespräch Experte 15, 2008; Expertengespräch Experte 17, 2008; Expertengespräch Experte 18, 2008; Expertengespräch Experte 19, 2008; Expertengespräch Experte 20, 2008). Für sieben Experten sind komplexe Prozesse die Besonderheiten (vgl. Expertengespräch Experte 2, 2008; Expertengespräch Experte 5, 2008; Expertengespräch Experte 13, 2008; Expertengespräch Experte 15, 2008; Expertengespräch Experte 16, 2008; Expertengespräch Experte 20, 2008; Expertengespräch Experte 21). Partnerschaftliche Zusammenarbeit ist wichtig (vgl. Expertengespräch Experte 3, 2008; Expertengespräch Experte 16, 2008; Expertengespräch Experte 18, 2008; Expertengespräch Experte 20, 2008). Weitere Spezifika stellen die Abhängigkeit von wenigen Kunden (vgl. Expertengespräch Experte 3, 2008; Expertengespräch Experte 19, 2008), der geringe Einfluss durch den E-Commerce (vgl. Expertengespräch Experte 11, 2008) bzw. die rechtliche Situation (vgl. Expertengespräch Experte 1, 2008) dar.

10.2.2.18. Die Besonderheiten der Dienstleistungsbranche

Zehn Experten meinen, dass die Besonderheit der Dienstleistungsbranche in den Dienstleistungseigenschaften liegt (vgl. Expertengespräch Experte 2, 2008; Expertengespräch Experte 4, 2008; Expertengespräch Experte 5, 2008; Expertengespräch Experte 6, 2008; Expertengespräch Experte 7, 2008; Expertengespräch Experte 8, 2008; Expertengespräch Experte 9, 2008; Expertengespräch Experte 13, 2008; Expertengespräch Experte 15, 2008; Expertengespräch Experte 19, 2008). Dazu zählen die Immaterialität (Expertengespräch Experte 2, 2008; Expertengespräch Experte 4, 2008; Expertengespräch Experte 5, 2008; Expertengespräch Experte 6, 2008; Expertengespräch Experte 7, 2008; Expertengespräch Experte 8, 2008; Expertengespräch Experte 9, 2008; Expertengespräch Experte 13, 2008; Expertengespräch Experte 15, 2008), die Nichtlagerbarkeit (vgl. Expertengespräch Experte 2, 2008; Expertengespräch Experte 4, 2008) sowie die Nichtriechbarkeit von Dienstleistungen (vgl. Expertengespräch Experte 2, 2008).

Für sieben Experten sind Dienstleistungen schwierig zu verkaufen (vgl. Expertengespräch Experte 3, 2008; Expertengespräch Experte 5, 2008; Expertengespräch Experte 6, 2008; Expertengespräch Experte 9, 2008; Expertengespräch Experte 11, 2008; Expertengespräch Experte 13, 2008; Expertengespräch Experte 16, 2008).

Die Rolle des Vertrauens (Expertengespräch Experte 3, 2008; Expertengespräch Experte 5, 2008; Expertengespräch Experte 7, 2008; Expertengespräch Experte 13, 2008; Expertengespräch Experte 15, 2008; Expertengespräch Experte 21, 2008) und partnerschaftliche Zusammenarbeit (vgl. Expertengespräch Experte 10, 2008; Expertengespräch Experte 11, 2008; Expertengespräch Experte 13, 2008; Expertenge-

spräch Experte 17, 2008; Expertengespräch Experte 21, 2008) sind wichtig. Bei Dienstleistungen steht der Faktor Mensch im Vordergrund (vgl Expertengespräch Experte 12, 2008; Expertengespräch Experte 18, 2008; Expertengespräch Experte 20, 2008; Expertengespräch Experte 21, 2008).
Weiters nennen die Experten die Serviceorientierung (vgl. Expertengespräch Experte 3, 2008; Expertengespräch Experte 21, 2008), die schwierige Messbarkeit (vgl. Expertengespräch Experte 20, 2008; Expertengespräch Experte 21, 2008), die wichtige Rolle von Innovationen (vgl. Expertengespräch Experte 14, 2008) bzw. die unwichtige Rolle des Images (vgl. Expertengespräch Experte 1, 2008) als die wichtigsten Besonderheiten der Dienstleistungsbranche.

10.2.2.19. Das Idealkundenprofil

13 Unternehmen legen beim Idealkunden hohen Wert auf langfristige partnerschaftliche Zusammenarbeit (vgl. Expertengespräch Experte 1, 2008; Expertengespräch Experte 4, 2008; Expertengespräch Experte 5, 2008; Expertengespräch Experte 6, 2008; Expertengespräch Experte 9, 2008; Expertengespräch Experte 11, 2008; Expertengespräch Experte 13, 2008; Expertengespräch Experte 14, 2008; Expertengespräch Experte 15, 2008; Expertengespräch Experte 16, 2008; Expertengespräch Experte 17, 2008; Expertengespräch Experte 18, 2008; Expertengespräch Experte 20, 2008). Jeweils neun Unternehmen erwarten von ihrem Idealkunden Finanzstärke (vgl. Expertengespräch Experte 1, 2008; Expertengespräch Experte 6, 2008; Expertengespräch Experte 7, 2008; Expertengespräch Experte 11, 2008; Expertengespräch Experte 13, 2008; Expertengespräch Experte 14, 2008; Expertengespräch Experte 15, 2008; Expertengespräch Experte 18, 2008; Expertengespräch Experte 19, 2008) bzw. dass der Kunde seinen kompletten Bedarf bei ihnen deckt (vgl. Expertengespräch Experte 1, 2008; Expertengespräch Experte 2, 2008; Expertengespräch Experte 8, 2008; Expertengespräch Experte 9, 2008; Expertengespräch Experte 10, 2008; Expertengespräch Experte 11, 2008; Expertengespräch Experte 14, 2008; Expertengespräch Experte 15, 2008; Expertengespräch Experte 17, 2008). Der Idealkunde soll wenig kosten (vgl. Expertengespräch Experte 8, 2008; Expertengespräch Experte 11, 2008; Expertengespräch Experte 18, 2008), über Macherqualitäten verfügen (vgl. Expertengespräch Experte 3, 2008; Expertengespräch Experte 4, 2008) und international tätig sein (vgl. Expertengespräch Experte 7, 2008; Expertengespräch Experte 17, 2008).
Zwei Unternehmen beschäftigen sich nicht mit dem Idealkundenprofil (vgl. Expertengespräch Experte 12, 2008; Expertengespräch Experte 21, 2008).

10.3 Beantwortung der Forschungsfragen

1. Welche Bedeutung hat die Serviceorientierung innerhalb des persönlichen Verkaufs im B2B-Vertrieb?

Das Ergebnis der Experteninterviews zeigt auf, dass Serviceorientierung einen sehr hohen bzw. wichtigen Stellenwert innerhalb des persönlichen Verkaufs im B2B-Vertrieb einnimmt.

2. In welcher Weise können die Serviceorientierung und Clienting-Methoden zu einer Effizienzsteigerung des persönlichen Verkaufs in der Dienstleistungsbranche und zu einer Imageverbesserung des Verkaufberufs führen?

In Kapitel 7 werden der Verkaufstrichter als Instrument und Kennzahlen im persönlichen Verkauf als Messgrößen der Effizienz vorgestellt. Die meisten Experten vertreten die Meinung, dass die Effizienz in Ihrem Unternehmen steigerungsfähig ist. Ebenso sehen die meisten Experten eine Verbindung zwischen Serviceorientierung, partnerschaftlichem Handeln (Clienting) und der Effizienz des Vertriebs. Für die meisten Experten können diese Komponenten zu mehr Erfolg bzw. Serviceorientierung und partnerschaftliches Handeln zu Effizienz führen.

Das Image des persönlichen Verkaufs in der Dienstleistungsbranche wird von den Experten am häufigsten als gut bzw. gut bis schlecht eingestuft. Ein gutes Image im Markt zu haben, ist ein wichtiges Ziel, da es sich positiv auf den Erfolg von Unternehmen und Verkäufern auswirkt. Der Erfolg kann gesteigert werden, wenn das gute Image mit tiefem Kundenverständnis und eindeutigem Mehrwert des Angebotes gepaart ist. Jedoch ruft das Wort Verkaufen oftmals negative Reaktionen hervor. Bezeichnungen wie unmoralisch, unehrlich, verschwenderisch, anstößig und entwürdigend werden mit diesem Begriff verbunden. Diese negativen Assoziationen stammen aus der Zeit des „Klinkenputzens" und sind in vielen Köpfen so verankert. Diese Einstellungen zum Thema Verkaufen machen Verkäufern das Leben bzw. das Ausüben ihres Berufs schwer. Verkäufer, die serviceorientiert und im Sinne der Clienting-Philosophie partnerschaftlich handeln, können dadurch das Image des Verkaufsberufs verbessern.

3. Welche Erwartungen haben Einkäufer an den Verkäufer im B2B-Vertrieb? Über welche Kompetenzen muss der Verkäufer in der Dienstleistungsbranche in Zukunft verstärkt verfügen?

Für den Einkäufer ist der Verkäufer die Personifikation des anbietenden Unternehmens. Aus Einkäufersicht sind Verlässlichkeit, Glaubwürdigkeit, Professionalität, Integrität und Produktkenntnisse die wichtigsten Eigenschaften eines Verkäufers. Ebenso erwarten die Einkäufer Freundlichkeit, Höflichkeit, Einfühlungsvermögen, Reaktionsschnelligkeit und Fairness bei der Problemlösung.

Theorie und Praxis sind sich einig, dass der Verkäufer in der Dienstleistungsbranche in Zukunft über vier wesentliche Kompetenzen verfügen muss. Diese sind die Fach-, Sozial-, Methoden- und persönliche Kompetenz.

10.4. Handlungsempfehlungen

Die folgenden Handlungsempfehlungen sollen der Wirtschaft Lösungen für die Effizienzsteigerung des persönlichen Verkaufs und Imageverbesserung des Verkaufsberufs anbieten.

Bei der Effizienzsteigerung ist zu Beginn eine Bewertung der Effizienz des Vertriebs im Unternehmen vor zu nehmen. Im Anschluss daran gilt es konkrete Maßnahmen umzusetzen. Konkrete Maßnahmen sind die Optimierung von internen Prozessen, der Einsatz von IT-Systemen, partnerschaftliche interne Zusammenarbeit, die Zielvorgabe und Performancemessung sowie das Durchführen von Bildungsmaßnahmen.

Im Fall der Imageverbesserung steht am Anfang die Evaluierung des Images. Das Image ist abhängig von personenbezogenen, wirtschaftlichen, psychologischen Gründen als auch der Qualität der internen und externen Kundenbeziehung. Ist das Ergebnis nicht zufrieden stellend bzw. will man ein gutes Image aufrechterhalten, empfiehlt es sich konkrete Maßnahmen umzusetzen. Diese Maßnahmen können die Förderung der Mitarbeiter, Bildungsmaßnahmen sowie kundenorientiertes Handeln sein. Die Ergebnisse dieser Diplomarbeit zeigen, dass Serviceorientierung und partnerschaftliches Handeln das Image positiv beeinflussen. Daher gilt es in weiterer Folge den Verkäufern serviceorientiertes und partnerschaftliches Denken und Handeln zu vermitteln.

10.5 Generierung von Hypothesen

Durch die empirische Erhebung des Autors sind Hypothesen entstanden. Es gilt zwischen Hypothesen, die sich mit der Literatur decken, und Hypothesen, die aus der empirischen Untersuchung entstanden sind, zu unterscheiden. Für die letztgenannten empfiehlt sich eine quantitative Überprüfung.

Hypothesen, die sich mit der Literatur decken:

- In der Dienstleistungsbranche tätige Verkäufer müssen zukünftig über Sozial-, Fach-, persönliche und Methodenkompetenz verfügen.

- Die häufigsten Gründe für das Image der Dienstleistungsbranche, das Image des persönlichen Verkaufs bzw. das Image der Kundenkontaktmitarbeiter sind personenbezogen.

- Partnerschaftliches Handeln hat einen positiven Einfluss auf das Image des persönlichen Verkaufs.

Zusätzliche Hypothesen:

- In den meisten Dienstleistungsunternehmen ist die Effizienz steigerungsfähig.

- Am häufigsten übernimmt der Einkäufer eine vorbereitende Rolle im Unternehmen.

- Es besteht eine Verbindung zwischen Serviceorientierung, partnerschaftlichem Handeln und Effizienz des Vertriebs.

11. Conclusio

Die Serviceorientierung nimmt einen hohen Stellenwert innerhalb des persönlichen Verkaufs im B2B-Vertrieb ein.

Es gibt eine Verbindung zwischen Serviceorientierung, partnerschaftlichem Handeln und Effizienz des Vertriebs. Diese Komponenten können zu mehr Erfolg führen. Ebenso kann die Verbindung Serviceorientierung und partnerschaftliches Handeln zu einer Steigerung der Effizienz führen.

Das Image des persönlichen Verkaufs in der Dienstleistungsbranche wird von den Experten am häufigsten als gut bzw. gut bis schlecht eingestuft. Die Experten sind sich einig, dass serviceorientiertes Verhalten einen positiven Einfluss auf das Image des persönlichen Verkaufs hat. Verkäufer die serviceorientiert und im Sinne der Clienting-Philosophie partnerschaftlich handeln, können dadurch das Image des Verkaufsberufs verbessern.

Der Verkäufer ist für den Einkäufer die Personifikation des anbietenden Unternehmens. Aus Einkäufersicht sind Verlässlichkeit, Glaubwürdigkeit, Professionalität, Integrität und Produktkenntnisse die wichtigsten Eigenschaften eines Verkäufers. Ebenso erwarten die Einkäufer Freundlichkeit, Höflichkeit, Einfühlungsvermögen, Reaktionsschnelligkeit und Fairness bei der Problemlösung.

Der Verkäufer in der Dienstleistungsbranche muss in Zukunft über vier wesentliche Kompetenzen verfügen. Diese sind die Fach-, Sozial-, Methoden- und persönliche Kompetenz.

Anhang

Leitfaden für Experteninterview

1. Welchen Stellenwert hat der persönliche Verkauf in Ihrem Unternehmen?

2. Über welche Kompetenzen muss der/die VerkäuferIn in der Dienstleistungs-Branche in Zukunft verstärkt verfügen?

3. Wie ist das Image der Dienstleistungs-Branche? Warum?
(Skala: 1 – sehr gut; 2 – gut; 3 – schlecht; 4 – sehr schlecht)

4. Wie ist das generelle Image des persönlichen Verkaufs in Ihrer Branche? **Warum?** (Skala: 1 – sehr gut; 2 – gut; 3 – schlecht; 4 – sehr schlecht)

5. Wie ist das Image Ihrer MitarbeiterInnen im Kundenkontakt? Warum?
(Skala: 1 – sehr gut; 2 – gut; 3 – schlecht; 4 – sehr schlecht)

6. Welche konkreten Maßnahmen setzen Sie zur Imageverbesserung/Aufrechterhaltung des Images?

7. Wie beurteilen Sie die Effizienz des Vertriebs in Ihrem Unternehmen?

8. Welche konkreten Maßnahmen setzen Sie in Ihrem Unternehmen, um die Effizienz im Vertrieb zu steigern)

9. Wie viele Personen sind bei Ihnen beim Einkauf einer Dienstleistung beteiligt?

10. Welche Rolle spielt der/die EinkäuferIn in Ihrem Unternehmen?

11. Welche Erwartungen des Einkäufers/der Einkäuferin muss ein/e VerkäuferIn erfüllen?

12. Wie definieren Sie Serviceorientierung?

13. Welche Bedeutung hat die Serviceorientierung innerhalb des persönlichen Verkaufs? Wie wirkt sich serviceorientiertes Handeln auf das Image des persönlichen Verkaufs aus?

14. Ist Ihnen der Begriff „Clienting" bekannt?

15. Wie beurteilen Sie diesen damals „neuen" Impuls für Ihr Unternehmen?

16. Wie wirkt sich partnerschaftliches Handeln auf das Image des persönlichen Verkaufs aus?

17. Wie sehen Sie als PraktikerIn die Verbindung Serviceorientierung – Partnerschaftliches Handeln – Effizienz des Vertriebs?

18. Welche Besonderheiten gibt es für Sie im B2B-Vertrieb?

19. Welche Besonderheiten bringt die Dienstleistungs-Branche mit sich?

20. Wie sieht der Idealkunde / die Idealkundin Ihres Unternehmens aus?

Literatur und Quellenverzeichnis

Auerbach, Heiko (1999): Business-to-Business-Märkte im Wandel. In: *Pepels, Werner* (Hrsg.): Business to Business Marketing – Handbuch für Vertrieb, Technik, Service. Luchterhand, S. 11-33

Backhaus, Klaus / Voeth, Markus (2007): Industriegütermarketing. 8. Auflage, München

Becker, Manfred (2005): Personalentwicklung – Bildung, Förderung und Organisationsentwicklung in Theorie und Praxis. 4. Auflage, Stuttgart

Belz, Christian (1999): Verkaufskompetenz – Chancen in umkämpften Märkten, Konzepte und Innovationen, Kunden- und Leistungskriterien, Organisation und Führung. 2. Auflage, Wien

Beutin, Nikolas (2008): Kundenbindung durch Zusatzdienstleistungen (Value-Added-Services). In: *Homburg, Christian / Bruhn, Manfred* (Hrsg.): Handbuch Kundenbindungsmanagement – Strategien und Instrumente für ein erfolgreiches CRM. Wiesbaden, S. 347-367

Birker, Klaus (1999): Verkaufsgesprächsführung. In: *Pepels, Werner* (Hrsg.): Business to Business Marketing – Handbuch für Vertrieb, Technik, Service. Luchterhand, S. 312-328

Bogner, Alexander / Menz, Wolfgang (2005a): Expertenwissen und Forschungspraxis: die moderniesierungstheoretische und die methodische Debatte um die Experten. In: *Bogner, Alexander / Littig, Beate / Menz, Wolfgang* (Hrsg.): Das Experteninterview – Theorie, Methode, Anwendung. 2. Auflage, Wiesbaden, S. 7-30

Bogner, Alexander / Menz, Wolfgang (2005b): Das theoriegenerierende Experteninterview – Erkenntnisinteresse, Wissensformen, Interaktion. In: *Bogner, Alexander / Littig, Beate / Menz, Wolfgang* (Hrsg.): Das Experteninterview – Theorie, Methode, Anwendung. 2. Auflage, Wiesbaden, S. 33-70

Bouncken, Ricarda (2000): Vertrauen-Kundenbindung-Erfolg? Zum Aspekt des Vertrauens bei Dienstleistungen. In: *Bruhn, Manfred / Stauss, Bernd* (Hrsg.): Dienstleistungsmanagement Jahrbuch 2000 – Kundenbeziehungen im Dienstleistungsbereich. Wiesbaden, S. 3-22

Bruhn, Manfred (2008): Qualitätsmanagement für Dienstleistungen – Grundlagen, Konzepte, Methoden. 7. Auflage, Basel

Bruns, Andreas M. (2005): Kundenbindung und Verkauf – Verkaufskultur im 21. Jahrhundert – vom Hardselling zur erfolgreichen Kunden-Partnerschaft. 1. Auflage, Renningen

Busch, Burkhard G. (1998): Aktive Kundenbindung.1. Auflage, Berlin

Capgemini (2008): CRM-Barometer 2007/2008 – Die Transformation zum kundenorierentierten Unternehmen. 1. Auflage, München

Capgemini (2006): Studie Serviceorientierung bei Banken – Wie Banken mit Serviceorientierten Architekturen Wettbewerbsvorteile erzielen. 1. Auflage, München

Chojnacki, Klaus (2002): Beschwerdemanagement. In: Pepels, Werner (Hrsg.): Handbuch Vertrieb.München, S. 453-472

Coenen, Christian (2001): Serviceorientierung und Servicekompetenz von Kundenkontakt-Mitarbeitern. In: *Bruhn, Manfred / Stauss, Bernd* (Hrsg.) Dienstleistungsmanagement Jahrbuch 2001 – Interaktionen im Dienstleistungsbereich. Wiesbaden, S. 341-374

Corsten, Hans / Gössinger, Ralf (2008): Lexikon der Betriebswirtschaftslehre. 5. Auflage, München

Corsten, Hans / Gössinger, Ralf (2007): Dienstleistungsmanagement. 5. Auflage, München

Dannenberg, Holger / Zupancic, Dirk (2008): Spitzenleistungen im Vertrieb – Optimierungen im Vertriebs- und Kundenmanagement. 1. Auflage, Wiesbaden

Dannenberg, Holger (2002): Neukundengewinnung. In: *Pepels, Werner* (Hrsg.): Handbuch Vertrieb. München, S. 31-48

Davis, Kevin (2000): Deine Kunden sind deine Freunde. 1. Auflage, Düsseldorf, Berlin

Decker, Reinhold / Neuhaus, Stefan (2006): Vertrauen im Dienstleistungsmarketing: Stellenwert und Implikationen für das strategische Handeln. In: *Bauer, Hans H.* (Hrsg.): Konsumentenvertrauen – Konzepte und Anwendungen für ein nachhaltiges Kundenbindungsmanagement. München, S. 181-192

Diller, Hermann / Haas, Alexander / Ivens, Björn (2005): Verkauf und Kundenmanagement – Eine prozessorientierte Konzeption. 1. Auflage, Stuttgart

Donaldson, Bill (2007): Sales Management – Principles, process and practice. 3. Auflage, New York

Eggert, Ulrich (2001): Der Handel im 21. Jahrhundert – Neue Kernzielgruppen, Relaunch der Cities, strategische Allianzen, Franchise-Modelle, netzgeführte Marken. 1. Auflage, Düsseldorf

Fassnacht, Martin / Günter, Christof / Homburg, Christian (2004): Wenn Industrieunternehmen zu Dienstleistern werden. In: *Homburg, Christian / Bauer, Hans. H.* (Hrsg.): Perspektiven der marktorientierten Unternehmensführung. Wiesbaden, S. 371-391

Geffroy, Edgar K. (2007): Schneller als der Kunde – Exnovation statt Innovation, 1. Auflage.Berlin

Geffroy, Edgar K. (2005): Das Einzige, was stört, ist der Kunde – Clienting ersetzt Marketing, 16. Auflage, Frankfurt

Geffroy, Edgar K. (2000): Clienting – Kundenerfolge auf Abruf jenseits des Egoismus. 6. Auflage.Landsberg/Lech

Georgi, Dominik / Hadwich, Karsten / Bruhn, Manfred (2008): Ansatzpunkte des Customer Value Managements. In: *Homburg, Christian / Bruhn, Manfred* (Hrsg.): Handbuch Kundenbindungsmanagement – Strategien und Instrumente für ein erfolgreiches CRM. Wiesbaden, S. 713-732

Georgi, Dominik (2000): Kundenbindungsmanagement im Kundenbeziehungslebenszyklus. In: *Bruhn, Manfred / Homburg, Christian* (Hrsg.): Handbuch Kundenbindungsmanagement – Grundlagen-Konzepte-Erfahrungen. Wiesbaden, S. 227-250

Gläser, Jochen / Laudel, Grit (2006): Experteninterviews und qualitative Inhaltsanalyse – als Instrumente rekonstruierender Untersuchungen. 2. Auflage, Wiesbaden

Gobbetto, Marc (2002): Telefonverkauf. In: *Pepels, Werner* (Hrsg.): Handbuch Vertrieb. München, S. 737-760

Godefroid, Peter (2002): Gewerbliches Beschaffungsverhalten. In: *Pepels, Werner* (Hrsg.): Handbuch Vertrieb. München, S.789-807

Godefroid, Peter (1999): Vertriebsmanagement. In: Pepels, Werner (Hrsg.): Business to Business Marketing – Handbuch für Vertrieb, Technik, Service. Luchterhand, S. 273-292

Grubbs, M. Ray / Reidenbach R. Eric (1995): Clienting für Banker – Kundenservice als strategischer Erfolgsfaktor in Banken. 1. Auflage, Wiesbaden

Haller, Sabine (2005): Dienstleistungsmanagement – Grundlagen-Konzepte-Instrumente. 3. Auflage, Wiesbaden

Harms, Volker (2002): Angebot von Kundendienstleistungen. In: *Pepels, Werner* (Hrsg.): Handbuch Vertrieb. München, S. 411-435

Hennig-Thurau, Thorsten (2000): Die Qualität von Geschäftsbeziehungen auf Dienstleistungsmärkten. In: *Bruhn, Manfred / Stauss, Bernd* (Hrsg.): Dienstleistungsmanagement Jahrbuch 2000 – Kundenbeziehungen im Dienstleistungsbereich. Wiesbaden, S. 133-158

Hentschel, Frederike / Homburg, Christian / Becker, Annette (2008): Der Zusammenhang zwischen Kundenzufriedenheit und Kundenbindung. In: *Homburg, Christian / Bruhn, Manfred* (Hrsg.): Handbuch Kundenbindungsmanagement – Strategien und Instrumente für ein erfolgreiches CRM. Wiesbaden, S. 103-134

Hettich, Stefanie / Hippner, Hajo / Wilde, Klaus D. (2001): Customer Relationship-Management – Informationstechnologien im Dienste der Kundeninteraktion. In:

Bruhn, Manfred / Stauss, Bernd (Hrsg.): Dienstleistungsmanagement Jahrbuch 2001 – Interaktionen im Dienstleistungsbereich. Wiesbaden, S. 167-202

Hildebrandt, Holger (2008): Best Practice in Einkauf und Logistik. 2. Auflage, Wiesbaden

Hinterhuber, Hans H. (2006): Kundenorientierte Unternehmensführung – Kundenorientierung, Kundenzufriedenheit, Kundenbindung. 5. Auflage, Wiesbaden

Hirschsteiner, Günter (2006): Einkaufs- und Beschaffungsmanagement – Strategien, Verfahren und moderne Konzepte. 2. Auflage, Ludwigshafen

Homburg, Christian / Schäfer, Heiko / Schneider, Janna (2008): Sales Excellence – Vertriebsmanagement mit System. 5. Auflage, Wiesbaden

Jackson, Ralph W. / Hisrich, Robert D. / Newell, Stephen J. (2007): Professional Selling & Sales Management. 1. Auflage, Ohio

Jobber, David / Lancaster, Geoff (2006): Selling and Sales Management. 7. Auflage, Harlow

Johnston, Mark W. / Marshall Greg W. (2008): Relationship-Selling. 2. Auflage, New York

Jung Erceg, Petra (2005): Personalqualifizierungsstrategien für produktbegleitende Dienstleistungen. In: *Lay, Gunter / Nippa, Michael* (Hrsg.): Management produktbegleitender Dienstleistungen – Konzepte und Praxisbeispiele für Technik, Organistion und Personal in serviceorientierten Industriebetrieben. Heidelberg, S. 155-174

Jung, Hans (2006): Personalwirtschaft. 7. Auflage, München

Kleinaltenkamp, Michael (2000): Kundenbindung durch Kundenintegration. In: *Bruhn, Manfred / Homburg, Christian* (Hrsg.): Handbuch Kundenbindungsmanagement – Grundlagen-Konzepte-Erfahrungen. Wiesbaden, S. 337-354

Knotek, Sonja (2007): Der Kunde im Mittelpunkt – König Kunde. In: Retail. Nr. 5, S. 5-7

Kortus-Schultes, Doris (1999): Wertschöpfung. In: *Pepels, Werner* (Hrsg.): Business to Business Marketing – Handbuch für Vertrieb, Technik, Service. Luchterhand, S. 418-443

Kotler, Philip / Keller, Kevin Lane / Bliemel, Friedhelm (2007): Marketing-Management – Strategien für wertschaffendes Handeln. 12. Auflage, München

Kuß, Alfred / Tomczak, Torsten (2007): Käuferverhalten – Eine marketingorientierte Einführung. 4. Auflage, Stuttgart

Lauer, Hermann (2005): Image ist fast alles. In: Akquisa, Nr. 2, S. 72-73

Lauer, Hermann / Geml, Richard (2000): Das kleine Verkaufslexikon. 1. Auflage, Düsseldorf

Lovelock, Christopher H. / Wirtz, Jochen (2004): Services Marketing – People, Technology, Strategy. 5. Auflage, Upper Sadle River, NJ

Luczak, Holger (2003): Dienstleistungsmanagement – Über die Unternehmenskultur zur richtigen Dienstleistungsmentalität. 1. Auflage, Düsseldorf

Maleri, Rudolf / Frietzsche, Ursula (2008): Grundlagen der Dienstleistungsproduktion. 5. Auflage, Berlin

Mayring, Philipp (2007): Qualitative Inhaltsanalyse – Grundlagen und Techniken. 9. Aiflage, Weinheim

Meffert, Heribert / Burmann, Christoph / Kirchgeorg, Manfred (2008): Marketing – Grundlagen marktorientierter Unternehmensführung. 10. Auflage, Wiesbaden

Meffert, Heribert / Bruhn, Manfred (2006): Dienstleistungsmarketing – Grundlagen-Konzepte-Methoden. 5. Auflage, Wiesbaden

Melzer-Ridinger, Ruth (2004): Materialwirtschaft und Einkauf – Band 1: Beschaffung und Supply Chain Managment. 4. Auflage, Oldenbourg

Meuser, Michael / Nagel, Ulrike (2005): ExpertInneninterviews – vielfach erprobt, wenig bedacht-Ein Beitrag zur qualitativen Methodendiskussion. In: *Bogner, Alexander /*

Littig, Beate / Menz, Wolfgang (Hrsg.): Das Experteninterview – Theorie, Methode, Anwendung. 2. Auflage, Wiesbaden, S. 71-95

Meyer, Anton / Blümelhuber, Christian (2000): Kundenbindung durch Services. In: Bruhn, Manfred / Homburg, Christian (Hrsg.): Handbuch Kundenbindungsmanagement – Grundlagen-Konzepte-Erfahrungen. Wiesbaden, S. 269-292

Michalski, Silke / Bruhn, Manfred (2008): Kundenabwanderung als Herausforderung des Kundenbindungsmanagement. In: *Homburg, Christian / Bruhn, Manfred* (Hrsg.): Handbuch Kundenbindungsmanagement – Strategien und Instrumente für ein erfolgreiches CRM. Wiesbaden, S. 271-294

Michalski, Silke / Bruhn, Manfred (2003): Gefährdete Kundenbeziehungen und abgewanderte Kunden als Zielgruppen der Kundenbindung. In: Bruhn, Manfred / Homburg, Christian (Hrsg.): Handbuch Kundenbindungsmanagement. 4. Auflage, Wiesbaden, S. 245-270

Miller, Robert B. / Heiman, Stephen E. (1991): Konzeptorientiertes Verkaufen. 1. Auflage, Landsberg

Miller, Robert B. / Heiman, Stephen E. (1988): Strategisches Verkaufen. 1. Auflage, Landsberg

Mittal, Vikas / Sarkes, Matthew / Murshed, Feisal (2008): Mit unrentablen Kunden richtig umgehen. In: Harvard Business manager. Nr. 10, S. 59-72

Mönch, Bernward / Goller, Markus (2008): Service Excellence – Vom Know-how zum Do-how. In: *Keuper, Frank / Hogenschurz, Bernhard* (Hrsg.): Sales & Service – Management, Marketing, Promotion und Performance. Wiesbaden, S. 225-250

Olf, Ulrike / Müller, Peter / Hohlfeld, Thomas (2008): Service als Leidenschaft – Den Kunden im Fokus. In: *Keuper, Frank / Hogenschurz, Bernhard* (Hrsg.): Sales & Service – Management, Marketing, Promotion und Performance. Wiesbaden, S. 155-178

Olfert, Klaus, Rahn, Hans-Joachim (2008a): Einführung in die Betriebswirtschaftslehre. 9. Auflage, Ludwigshafen

Olfert, Klaus / Rahn, Hans-Joachim (2004): Lexikon der Betriebswirtschaftslehre. 5. Auflage, Ludwigshafen

Pepels, Werner (2006): Produkt- und Preismanagement im Firmenkundengeschäft. 1. Auflage, München

Pepels, Werner (2002a): Handbuch Vertrieb. 1. Auflage, München

Pepels, Werner (2002b): Einsatz von Verkaufsaußendientmitarbeitern. In: Pepels, Werner (Hrsg.): Handbuch Vertrieb. München, S. 589-610

Pepels, Werner (2002c): Strategie und Planung von Direktmarketingkonzeptionen. In: Pepels, Werner (Hrsg.): Handbuch Vertrieb. München, S. 657-698

Pepels, Werner (1999): Investive Dienstleistungen. In: Pepels, Werner (Hrsg.): Business to Business Marketing – Handbuch für Vertrieb, Technik, Service. Luchterhand, S. 713-735

Pfadenhauer, Michaela (2005): Auf gleicher Augenhöhe reden – Das Experteninterview-ein Gespräch zwischen Experte und Quasi-Experte. In: Bogner, Alexander / Littig, Beate / Menz, Wolfgang (Hrsg.): Das Experteninterview – Theorie, Methode, Anwendung. 2. Auflage, Wiesbaden, S. 113-130

Pinczolits, Karl / Vevera, Daniela (2006): Sales Radar – Die aktuellen Themen im Vertrieb 2006/2007 und ihre Relevanz. 1. Auflage, Wiener Neustadt

Pörner, Ronald (1999): Kundenzufriedenheitsermittlung im Business-to-Business-Bereich. In: Pepels, Werner (Hrsg.): Business to Business Marketing – Handbuch für Vertrieb, Technik, Service. Luchterhand, S. 527-547

Preißner, Andreas (2002): Balanced Scorecard in Vertrieb und Marketing – Planung und Kontrolle mit Kennzahlen, 2. Auflage, München

Reichardt, Holger / Grasser, Michael (2000): Kundenbindung in der Druck- und Verlagsindustrie: Das Beispiel Heidelberger Druckmaschinen. In: Bruhn, Manfred / Homburg, Christian (Hrsg.): Handbuch Kundenbindungsmanagement – Grundlagen-Konzepte-Erfahrungen. Wiesbaden, S. 789-814

Reichheld, Frederick F. / Sasser, Earl W. (2000): Zero-Migration – Dienstleister im Sog der Qualitätsrevolution. In: Bruhn, Manfred / Homburg, Christian (Hrsg.): Handbuch Kundenbindungsmanagement – Grundlagen-Konzepte-Erfahrungen. Wiesbaden, S. 137-152

Sauerbrey, Christa (2000): Studie zum Customer Recovery Management von Dienstleistern. 1. Auflage, Hannover

Schmengler, Hans-Joachim (1999): Bedeutung der Nachkaufphase für die Kundenbindung. In: *Pepels, Werner* (Hrsg.): Business to Business Marketing – Handbuch für Vertrieb, Technik, Service. Luchterhand, S. 548-566

Schulte, Christof (2005): Logistik – Wege zur Optimierung der Supply Chain. 4. Auflage, München

Schulze, Henning (2002): Beziehungsmanagement – Vertrieb als persönlicher Kontakt zwischen Menschen. In: *Pepels, Werner* (Hrsg.): Handbuch Vertrieb. München, S. 137-157

Schwalbe, Bärbel / Schwalbe, Heinz (1995): Verkaufs-Lexikon. 1. Auflage, Freiburg

Stanik, Martin (2004): Customer Related Service Engineering – Wettbewerbsvorteile durch kundenorientiertes Service Engineering. In: Zahn, *Erich / Spath, Dieter / Scheer, August-Wilhelm* (Hrsg.): Vom Kunden zur Dienstleistung – Methoden, Instrumente und Strategien zum Customer related Service Engineering. Stuttgart, S. 16-24

Stauss, Bernd / Seidel, Wolfgang (2007): Beschwerdemanagement – Unzufriedene Kunden als profitable Zielgruppe. 4. Auflage, München

Stock-Homburg, Ruth (2008): Kundenorientiertes Personalmanagement als Schlüssel zur Kundenbindung. In: *Homburg, Christian / Bruhn, Manfred* (Hrsg.): Handbuch Kundenbindungsmanagement – Strategien und Instrumente für ein erfolgreiches CRM. Wiesbaden, S. 679-712

Stolpmann, Markus (2002): Business-to-Business Onlinevertrieb. In: Pepels, Werner (Hrsg.): Handbuch Vertrieb. München, S. 699-718

Tomczak, Torsten / Reinecke, Sven / Finsterwalder, Jörg (2000): Kundenausgrenzung: Umgang mit unerwünschten Dienstleistungskunden. In: *Bruhn, Manfred /*

Stauss, Bernd (Hrsg.): Dienstleistungsmanagement Jahrbuch 2000 – Kundenbeziehungen im Dienstleistungsbereich. Wiesbaden, S. 399-422

Töpfer, Armin (2008): Phasen und Inhalte des Kundenmanagements: Prozess und Schwerpunkte für kundenorientiertes Verhalten. In: *Töpfer, Armin* (Hrsg.): Handbuch Kundenmanagement – Anforderungen, Pozesse, Zufriedenheit, Bindung und Wert von Kunden. Berlin, S. 3-36

Türling, Adelfried (2000): Präventive Kundenrückgewinnung auf Basis von Data Mining. In: *Sauerbrey, Christa / Henning, Rolf* (Hrsg.): Kunden-Rückgewinnung – Erfolgreiches Management für Dienstleister. München, S. 149-166

Vahs, Dietmar (1999): Gestaltung der Aufbauorganisation des Marketing. In: *Pepels, Werner* (Hrsg.): Business to Business Marketing – Handbuch für Vertrieb, Technik, Service. Luchterhand, S. 140-158

Vlcek, Josef (2003): Das Profil der Einkäuferfunktion und die Herausforderungen in der Zukunft. 1. Auflage, Wien

Weber, Jürgen / Schäffer, Utz (2006): Einführung in das Controlling. 11. Auflage, Stuttgart

Webster, Frederick E. / Wind, Yoram (1972): Organizational buying behavior. 1. Auflage, New Jersey

Weinberg. Peter (2000): Verhaltenswissenschaftliche Aspekte der Kundenbindung. In: Bruhn, *Manfred / Homburg, Christian* (Hrsg.): Handbuch Kundenbindungsmanagement – Grundlagen-Konzepte-Erfahrungen. Wiesbaden, S. 39-54

Weis, Hans Christian (2003): Verkaufsgesprächsührung. 4. Auflage, Mönchengladbach

Winkelmann, Peter (2008a): Marketing und Vertrieb – Fundamente für die marktorientierte Unternehmensführung. 6. Auflage, Oldenbourg

Winkelmann, Peter (2008b): Vertriebskonzeption und Vertriebssteuerung – Die Instrumente des integrierten Kundenmanagements (CRM). 4. Auflage, München

Woehe, Jens Marcus / Lang, Manfred (2003): Serviceorientierte Mitarbeiter – Mobilisierung zu excellentem Service. 1. Auflage, Heidelberg

Zahn, Erich / Spath, Dieter / Scheer, August-Wilhelm (2004): Vom Kunden zur Dienstleistung – Methoden, Instrumente und Strategien zum Customer related Service Engineering. 1. Auflage, Stuttgart

Zupancic, Dirk (2007): Excellence in Sales – Spitzenleistungen im Vertrieb als strategischer Erfolgsfaktor. In: Marketingjournal, Nr. 4, S. 8-11

Sonstige Quellen

www.austria.info 2008: Österreich Werbung Wien, http://www.austria.info/xxl/_site/at/_area/383533/_subArea/383589/_subArea2/384133/wirtschaftinoesterreich.html [Stand: 29.12.2008], (2008)

www.business-wissen.de 2008: Business Wissen Information Service, http://www.business-wissen.de/marketing/kundenanalyse/anwenden-umsetzen/kundenanalyse-wer-ist-der-kunde-und-was-will-er.html [Stand: 15.02.2009], (2008)

Experte 1 (2008): Expertengespräch mit Experte 1, Direktor in der Logistikbranche, geführt von Alexander Kittinger am 03.11.2008 in Wien

Experte 2 (2008): Expertengespräch mit Experte 2, Leitung Marketing&Sales in der Bildungsbranche, geführt von Alexander Kittinger am 05.11.2008 in Wien

Experte 3 (2008): Expertengespräch mit Experte 3, Geschäftsführer in der Werbebranche, geführt von Alexander Kittinger am 10.11.2008 in Wien

Experte 4 (2008): Expertengespräch mit Experte 4, Geschäftsführer in der Medizintechnikbranche, geführt von Alexander Kittinger am 12.11.2008 in Wien

Experte 5 (2008): Expertengespräch mit Experte 5, Geschäftsführer in der Sicherheitsbranche, geführt von Alexander Kittinger am 13.11.2008 in Wien

Experte 6 (2008): Expertengespräch mit Experte 6, Prokurist in der Bildungsbranche, geführt von Alexander Kittinger am 14.11.2008 in Mödling

Experte 7 (2008): Expertengespräch mit Experte 7, Geschäftsführung Steuerberatung, geführt von Alexander Kittinger am 17.11.2008 in Wien

Experte 8 (2008): Expertengespräch mit Experte 8, Leitung Marketingforschung und Projekte in der Versicherungsbranche, geführt von Alexander Kittinger am 17.11.2008 in Wien

Experte 9 (2008): Expertengespräch mit Experte 9, Geschäftsführer im Technischen Handel, geführt von Alexander Kittinger am 17.11.2008 in Wien

Experte 10 (2008): Expertengespräch mit Experte 10, Vertriebsleitung im Bankwesen, geführt von Alexander Kittinger am 18.11.2008 in Wien

Experte 11 (2008): Expertengespräch mit Experte 11, Vertriebsleitung im Bankwesen, geführt von Alexander Kittinger am 19.11.2008 in Wien

Experte 12 (2008): Expertengespräch mit Experte 12, Vorstand Marketing und Vertrieb in der Telekommunikationsbranche, geführt von Alexander Kittinger am 20.11.2008 in Wien

Experte 13 (2008): Expertengespräch mit Experte 13, Leitung Marketing & Sales im Technischen Handel, geführt von Alexander Kittinger am 24.11.2008 in Wien

Experte 14 (2008): Expertengespräch mit Experte 14, Verkaufsdirektion bzw. Verkaufsleitung in der Nahrungs- und Genussmittelbranche, geführt von Alexander Kittinger am 25.11.2008 in Wien

Experte 15 (2008): Expertengespräch mit Experte 15, Leitung Vertrieb in der Versicherungsbranche, geführt von Alexander Kittinger am 25.11.2008 in Wien

Experte 16 (2008): Expertengespräch mit Experte 16, Geschäftsführer in der Consultingbranche, geführt von Alexander Kittinger am 25.11.2008 in Wien

Experte 17 (2008): Expertengespräch mit Experte 17, Leitung Vertrieb in der IT-Branche, geführt von Alexander Kittinger am 27.11.2008 in Wien

Experte 18 (2008): Expertengespräch mit Experte 18, Leitung Vertrieb in der Logistikbranche, geführt von Alexander Kittinger am 28.11.2008 in Wien

Experte 19 (2008): Expertengespräch mit Experte 19, Leitung Vertriebssteuerung in der Postdienstleistungsbranche, geführt von Alexander Kittinger am 01.12.2008 in Wien

Experte 20 (2008): Expertengespräch mit Experte 20, Vorstand Marketing und Vertrieb in der Telekommunikationsbranche, geführt von Alexander Kittinger am 04.12.2008 in Wien

Experte 21 (2008): Expertengespräch mit Experte 21, Executive Customer Manager in der Automobilzulierferindustrie, geführt von Alexander Kittinger am 11.12.2008 in Graz

www.wirtschaftslexikon24.net 2008: Wirtschaftslexikon24, http://www.wirtschaftslexikon24.net/d/kundenwertanalyse/kundenwertanalyse.htm [Stand: 12.08.2008], (2008)